# Mon islam, ma liberté

Kahina Bahloul

# Mon islam, ma liberté

Albin Michel

*À mon père,*
*À mes deux grands-mères Louiza et Rachel,*
*À mes deux grands-pères Serge et Akli,*
*Aux compagnons de route.*

# Introduction

L'islam, partout dans le monde, vit depuis plusieurs décennies une crise très profonde qui a dernièrement atteint son paroxysme à travers l'action terroriste violente et la création de l'« État islamique ». Le point de départ de ces troubles se situe dans les pays musulmans eux-mêmes, en Algérie, en Iran, en Afghanistan, en Égypte, en Syrie, etc., où nulle part ailleurs le fanatisme religieux n'a fait autant de victimes. Chercheurs et intellectuels de différentes disciplines ont voulu comprendre ce phénomène, résultant sans doute de la conjonction de plusieurs facteurs : économiques, sociaux, politiques, géopolitiques, géostratégiques, psychologiques. Chacun y va de son analyse à partir de sa propre grille de lecture. Mon expérience personnelle à la croisée des chemins – entre l'Algérie et la France, entre l'islam, le judaïsme, le christianisme et l'athéisme, entre l'Orient et l'Occident, le Nord et le Sud – a fait de ma vie une longue quête pour comprendre le désarroi qui s'est emparé de certains de mes coreligionnaires, que ce soit dans le pays de mon enfance, l'Algérie – une des premières cibles du terrorisme islamiste avec un bilan effroyable de centaines de milliers de morts – ou, vingt-cinq ans après, la France où je vis aujourd'hui et partage avec mes concitoyens l'indicible horreur des lendemains d'attentats, depuis 2015 avec l'attaque contre *Charlie Hebdo* et l'Hyper Cacher à ceux de 2020 marqués par l'un des modes opératoires les plus barbares avec la décapitation de Samuel Paty.

J'aurais préféré ne pas avoir à parler à la première personne du désastre et de l'abomination du terrorisme islamiste, mais son avènement a accompagné de très près ma venue au monde. Même si je n'ai pas eu à déplorer de victimes dans mon entourage proche – et je rends grâce à Dieu de m'avoir épargné de telles épreuves –, j'ai néanmoins été témoin des transformations sociales qui l'ont accompagné, de son impact et de l'empreinte qu'il a laissée dans les pays où j'ai vécu.

L'Algérie, pays de mon enfance : j'ai grandi sous son soleil chaleureux, choyée et aimée par ma famille paternelle. Je garde en mon cœur une infinie tendresse pour cette terre et ce peuple. En tant que femme adulte, c'est en France que je me suis construite, où j'ai enfin pu conquérir ma liberté. Une liberté tant espérée, attendue, désirée et rêvée depuis de longues années, dans une société où la vie de la femme est sacrifiée sur l'autel du patriarcat et de la misogynie. En Algérie, j'ai reçu une éducation à cette foi musulmane empreinte de valeurs humaines et fraternelles, par tradition et parce que c'était la religion de ma famille. En France, j'ai choisi d'être musulmane, car je me suis donné l'autorisation de douter, de tout questionner, de tout remettre en cause. La foi ne s'hérite pas, elle s'acquiert, elle s'embrasse de plein gré, par un assentiment profond du cœur. Il n'y a rien de plus exigeant vis-à-vis de la liberté que la foi. Elle ne supporte ni contrainte ni coercition.

Je vivais en Algérie durant la « décennie noire »

(1991-2002) et j'y ai partagé avec mes concitoyens un quotidien rythmé par la terreur des attentats islamistes. Nos existences s'organisaient autour de ces attaques ; lorsqu'elles ne nous coûtaient pas la vie, il nous fallait mettre en place tout un tas de stratagèmes. Nous étions contraints de restreindre notre liberté de mouvement à l'intérieur du pays afin d'éviter les faux barrages, nous avons barricadé nos maisons, certains ont dû quitter le pays, beaucoup de femmes ont dû porter le voile pour avoir la vie sauve, etc. Tout ce désastre et ces massacres ont été commis aux cris d'*Allahu Akbar* et contre des musulmans.

Au départ, cette expérience a suscité en moi beaucoup d'incompréhension à l'égard de ma religion ; j'étais en outre trop jeune et mal outillée pour comprendre qu'il s'agissait d'une instrumentalisation politique. À mon retour en France, à l'âge de vingt-quatre ans, j'ai pris mes distances avec toute forme de religiosité : tout cela était beaucoup trop lourd et complexe pour moi. J'ai cependant gardé au fond de mon cœur, discrètement, un lien intime à Dieu, comme une corde à laquelle on se raccroche au milieu d'une nuit de naufrage. Quelques années plus tard, la vie et son lot d'épreuves m'ont ramenée à la religion. J'ai perdu mon père d'un cancer foudroyant lorsque j'avais trente ans, je me suis occupée de lui toute seule, à Paris. J'étais sur le point de m'écrouler à ce moment de ma vie. J'étais dévastée par le chagrin de le voir diminué, perdant chaque jour un peu plus ses facultés vitales et faisant face à la mort avec dignité et courage malgré la douleur et la souffrance. Ses mots résonnent encore dans ma tête : « Je suis vivant jusqu'au jour où je serai mort. » Chaque jour, en allant lui rendre visite à l'hôpital, je récitais la première sourate du Coran, la Fâtiha, alors que je ne parlais plus arabe depuis plusieurs années et que j'avais l'impression d'avoir oublié tous les versets que j'avais appris par cœur à l'école. Je continuais d'invoquer Dieu car je savais qu'Il était là, et qu'Il était mon seul soutien. D'autre part, je ne pouvais rien contre Sa volonté. Seuls ma foi et ce lien intime m'ont sauvée.

Après avoir accompagné mon père dans sa dernière demeure et l'avoir inhumé dans son pays, j'ai traversé une profonde crise existentielle. Le sens de la vie, de la mort, ma foi et mon rapport à la religion étaient au centre de mes interrogations. J'avais d'abord reçu l'islam en héritage, puis douté et pris mes distances, et voilà qu'une blessure profonde me rapprochait de Dieu. À partir de là, un long parcours de recherche s'est amorcé, mais ma quête spirituelle ne trouvait pas de résonance dans l'islam formaliste en apparence hégémonique. Un jour, j'ai fait part de mon désarroi à mon médecin traitant, une chrétienne d'une grande sensibilité spirituelle. Elle m'a suggéré de me tourner vers le soufisme. À la sortie du cabinet médical, j'ai couru acheter tous les livres que j'ai pu trouver sur le sujet. Je connaissais ce terme de « soufisme » mais il m'avait toujours été présenté comme éloigné du discours religieux « orthodoxe » que j'avais pu connaître jusqu'à ce moment, alors même que je suis de lignée maraboutique. Cela a constitué le premier paradoxe à résoudre pour moi. En réalité, ce mot de « soufisme » est surtout employé dans les milieux savants et initiatiques, notamment en études orientalistes, en islamologie et dans les milieux confrériques, mais pas dans les milieux musulmans en général. Même le terme arabe de *tassawwuf*, qui s'est imposé depuis le x$^{e}$ siècle, est presque devenu tabou tant le salafisme a mené une guerre idéologique et quelquefois armée contre lui.

La découverte de la littérature et de la philosophie soufies a été pour moi une vraie révélation. J'ai eu le sentiment de trouver ce que j'avais toujours cherché ; depuis, je n'ai de cesse de vouloir approfondir ma connaissance de la voie ésotérique de l'islam, dans son aspect théorique et intellectuel mais aussi en tant qu'expérience intérieure intime vécue. C'est dans la spiritualité que j'ai trouvé le vrai sens du message prophétique et coranique ; mais cet éveil à soi, au divin en soi et en l'autre, dans l'ici et maintenant, je ne l'ai trouvé que parce que j'ai erré, douté, questionné, interrogé… Cela fait partie du chemin. J'ai finalement compris que, sans le doute, aucun processus de recherche ne peut être entamé, que rien ne peut être désiré et découvert. Comment désirer quelque chose quand on croit qu'on a déjà tout ? Le doute et le questionnement suscitent, alimentent et renouvellent la foi à chaque instant, ils la gardent vivante et en mouvement. Le Coran lui-même met en scène Abraham, l'« ami intime de Dieu », faisant part de ses doutes :

> Et quand Abraham dit : « Seigneur ! Montre-moi comment Tu ressuscites les morts », Dieu dit : « Ne crois-tu pas encore ? » « Si ! dit Abraham ; mais pour que mon cœur soit rassuré. » « Prends donc, dit Dieu, quatre oiseaux, apprivoise-les puis, sur des monts séparés, mets-en un fragment, ensuite appelle-les : ils viendront à toi en toute hâte. Et sache qu'Allah est Puissant et Sage » (2 : 260).

Le contexte démocratique français et les libertés qu'il garantit – de conscience, d'être, de sortir, de voyager seule, de m'habiller comme je veux – sont devenus pour moi une réalité quotidienne après des années de frustrations accumulées. Je pouvais enfin poursuivre sans entrave ma quête de sens, notamment en remettant en cause des dogmes que je croyais jusque-là indépassables. Cette voie de l'expérience spirituelle intérieure a ensuite débouché sur un travail de recherche scientifique en islamologie. J'ai eu envie de partager avec mes coreligionnaires mon expérience et ma vision de cet islam progressiste et libéral, l'islam des Lumières. Or, aussi bien sur les bancs de l'université que dans le milieu associatif, j'ai rencontré beaucoup de musulmans qui s'étaient engagés dans la même démarche. Avec quelques-uns de ces amis, nous avons conclu à la nécessité de vivre cette vision réformiste, de l'incarner : c'est pourquoi nous avons décidé de créer un lieu de culte qui nous ressemble, une mosquée libérale où les femmes et les hommes sont accueillis à égale dignité, dans la même salle de prière et où le prêche est tenu alternativement par une imame et un imam. Un lieu pour mettre en œuvre cette égalité ontologique entre les femmes et les hommes. Du point de vue de l'enseignement théologique, mon collègue imam, Faker Korchane, appartient à l'école néo-mu'tazilite, qui prône une compréhension de la religion fondée sur la raison et la justice. Pour ma part, j'aborde la religion à travers le prisme des sciences humaines et sociales et je m'intéresse sur le plan spirituel à la pensée mystique, et notamment au maître andalou Ibn 'Arabî.

On me pose toujours la question : créer une mosquée libérale, était-ce bien nécessaire ? À cela, je réponds par l'affirmative, parce qu'il y a urgence à poser un regard critique sur le culte et à oser proposer sa réforme. La mosquée est le lieu public par excellence où le musulman exprime son appartenance religieuse à travers la pratique de la prière, deuxième pilier de l'islam, et où l'on délivre un enseignement religieux. L'existence d'une mosquée libérale permet d'aller plus loin que l'indispensable travail de relecture des textes : elle pose un acte symbolique fort, signifiant notre volonté de nous réapproprier notre religion après en avoir été dépossédés plusieurs décennies durant par les idéologies intégristes et fondamentalistes. Il s'agit d'affirmer que la diversité des lectures existe et a toujours existé et de donner un enseignement religieux éclairé par des références religieuses mettant en avant la raison et la sagesse. Enfin, il s'agit de proposer un paradigme prenant en considération les défis de l'époque contemporaine afin que les jeunes générations puissent y trouver des réponses à leurs interrogations. Nous réapproprier notre religion, voilà l'urgence ! Si je prends aujourd'hui la parole à la première personne, il ne s'agit pas de revendiquer « mon islam » comme ma propriété narcissique : au contraire, je veux par là inviter chacun à se réapproprier son islam afin de rendre celui-ci à sa vocation universelle.

PREMIÈRE PARTIE

# LE RETOUR AUX SOURCES

# 1

# L'année 1979

Lors de mon dernier voyage en Algérie, en 2018, ma tante paternelle m'a remis une pochette qu'elle avait gardée précieusement durant près de quarante ans. Elle contenait mes dessins d'enfant ainsi qu'un bout de papier beige vieilli et plié, un télégramme : « Paris, 5 mars 1979. Naissance Kahina. Mère bonne santé. Abderrahmane. »

Je suis née en 1979, l'année où l'ayatollah Khomeiny a pris le pouvoir politique en Iran, où une œuvre du grand mystique andalou Ibn ʻArabî fut interdite à la vente en Égypte, où la mosquée de La Mecque connut la prise d'otages la plus sanglante de son histoire. Concernant le premier, nous observons impuissants, quarante ans après, le chaos que son intronisation a représenté pour les droits humains dans son pays et nous subissons au cœur de nos démocraties la propagation du terrorisme islamiste dont il est le promoteur. Quant au retrait des livres d'Ibn ʻArabî en Égypte, il est pour le moins significatif de la prédominance d'un vécu religieux étroitement cantonné à des normes et à un ritualisme asséchants, au lieu d'être le creuset de nos quêtes de sens existentielle et spirituelle, une voie de cheminement et d'accomplissement. On imaginerait mal aujourd'hui en France un député demander au Parlement d'interdire la diffusion de l'œuvre de Maître Eckhart…

Bien d'autres bouleversements ont marqué l'année de ma naissance et continuent de produire leurs effets aujourd'hui. Ailleurs dans le monde, Margaret Thatcher est élue au poste de Premier ministre au Royaume-Uni, où elle instaure une politique conservatrice néolibérale, hostile aux valeurs humanistes du socialisme. Elle est suivie dans ce choix par plusieurs autres pays dans le monde. C'est aussi l'année qui porte un pape polonais au sommet de l'Église catholique, voit la naissance en Allemagne du premier parti écologique, la parution du premier rapport alarmant sur les changements climatiques, mais aussi le réchauffement des relations diplomatiques entre les États-Unis et la Chine de Deng Xiaoping. L'écrivain franco-libanais Amin Maalouf parle avec une acuité rare, dans son dernier ouvrage, *Le Naufrage des civilisations*, du rôle pivot de cette année 1979 : « Il y a des dates qui deviennent en quelque sorte des marque-pages dans le grand registre du temps, signalant la fin d'un chapitre et le commencement d'un autre. En 1979 se sont mis en place les paramètres politiques et intellectuels qui ont façonné le monde tel que nous le connaissons aujourd'hui : la montée de l'islamisme radical et, plus généralement, des tensions identitaires ; et la montée d'une nouvelle forme de gestion économique, caractérisée par un reflux des politiques sociales et par une dénonciation de l'“État-providence”[1]. »

Je restreindrai ici mon analyse aux événements en rapport avec l'islam et l'islamisme, même s'il est clair qu'on ne doit pas sous-estimer les liens qu'ils entretiennent avec les mutations plus globales. L'intégrisme islamiste est un phénomène aux ressorts multifactoriels, lesquels sont souvent très éloignés de la tradition dont il se revendique. Ainsi, les événements de l'année 1979 sont tout à la fois l'expression d'une transformation profonde de nos sociétés et une réaction à l'évolution des relations culturelles, politiques, diplomatiques, économiques et humaines dans le contexte postcolonial de l'émergence d'un paradigme où le marché et les richesses matérielles sont tout ce qui compte, tandis que l'humain est dévalorisé. Aujourd'hui que ce paradigme est lui-même en crise, il faut espérer que ces soubresauts de plus en plus violents soient ceux de la fin d'un cycle qui ouvre la voie à un nouveau monde, plus juste et plus humain.

L'Algérie, le pays de mes origines paternelles, avait en 1979 dix-sept ans d'indépendance. Sa souveraineté pleine et entière était – et reste encore à bien des égards – à conquérir. Beaucoup de pays musulmans, à l'instar de l'Algérie, goûtaient tout juste à la liberté et à la dignité retrouvées de l'indépendance et, par la même occasion, à toute la fragilité des pouvoirs non habitués à l'exercice démocratique, souffrant d'un déficit de maturité politique, sociale et intellectuelle. La mémoire coloniale et ses stigmates sont alors encore beaucoup trop lourds pour permettre un travail de reconstruction sociale. L'histoire coloniale est un long chapitre, certes pas le seul, mais un important chapitre qui façonne les prémisses du monde d'aujourd'hui. Chercher à comprendre cette mémoire est un élément fondamental pour une meilleure compréhension de ce qui meut de l'intérieur nos individualités et nos sociétés. Ce qui est vrai en sciences de la nature l'est aussi pour la mémoire humaine : rien ne se perd, rien ne se crée, tout se transforme.

Pour le monde musulman, l'arrivée de Khomeiny au

pouvoir constitue un événement majeur, mais il laisse aussi présager, de manière soudaine et surprenante, la trajectoire ténébreuse et meurtrière que connaîtra le monde musulman dans les années qui vont suivre cette révolution dite « islamique ». Je mets ce mot entre guillemets, car je considère qu'il ne s'agit de rien d'autre que d'une soif de pouvoir guerrière et sanguinaire, qu'on légitime en faisant croire au peuple, déjà malmené par la dictature du shah, et au monde entier, qu'une « religion » totalitaire, contrôlant tous les domaines de la vie, serait l'unique voie de salut.

La conférence de la Guadeloupe, organisée du 4 au 7 janvier 1979 par les quatre puissances occidentales – États-Unis, Allemagne, Royaume-Uni et France –, décida du sort de l'Iran et, partant, des rapports de force géopolitiques du monde d'après. Les chefs d'État occidentaux décrétèrent que le shah d'Iran devait abdiquer, quitter son pays. Khomeiny le remplacerait : il incarnait à leurs yeux, du moins à ce moment-là, l'image idyllique du sage souverain musulman. Les États-Unis venaient de forger leur toute nouvelle doctrine : plutôt les islamistes que les communistes, la seule alternative possible. Enfin, d'un point de vue économique, ce choix laissait entrevoir à l'Occident des retombées commerciales positives. Khomeiny a passé les quatre derniers mois de sa vie de réfugié politique à Neauphle-le-Château, dans mon pays natal, qu'il quitta en février à bord d'un vol spécial d'Air France.

Dès son arrivée en Iran, Khomeiny proclame la création de la république islamique d'Iran, le 1er avril 1979, et opère des modifications au sein des institutions de l'État pour en faire un régime théocratique. Plébiscité par la foule, il n'a aucun mal à obtenir le consentement de l'écrasante majorité des votants, d'autant que le référendum se tient dans des conditions très peu démocratiques : la demande des autres mouvements politiques de donner le choix aux votants entre plusieurs options a été rejetée et la seule mention figurant sur le bulletin de vote est : « La république islamique ». En outre, le vote ne se fait pas à bulletin secret et chaque électeur doit présenter sa carte d'identité pour qu'elle soit tamponnée ; beaucoup craignent déjà les représailles du nouveau régime.

La doctrine politico-religieuse que Khomeiny met en œuvre s'appelle *Velayet-e faqih* ou « gouvernance du juriste ». Cette idée, que l'islamisme politique a malheureusement réussi à imposer dans la conscience de beaucoup de musulmans et de non-musulmans comme une évidence, à savoir qu'en Islam, ce sont les religieux qui doivent avoir la main haute sur le politique, est en réalité une invention de Khomeiny. Elle n'est traditionnelle ni dans le sunnisme ni dans le chiisme. Il n'est d'ailleurs pas suivi par la plupart des autres autorités de l'islam chiite : ses pairs contemporains, comme l'Irakien Muhammad Baqir al-Sadr (1935-1980) ou le Libanais Mohammad Mehdi Shamseddine (1936-2001), considéraient que le jurisconsulte devait se cantonner à simple rôle d'observateur dans le domaine politique.

Khomeiny met en œuvre le principe politico-théologique de la *Velayeet e faqih* refondé selon sa propre vision du pouvoir politique qui confère au pouvoir religieux l'autorité suprême et au clergé le pouvoir politique en plus du pouvoir religieux. Cette refonte avait pour finalité de remettre le pouvoir politique et la gestion réelle du pays entre les mains des clercs. Un bon gouverneur ne saurait se limiter à la gestion des questions temporelles, il doit également assurer une guidance spirituelle. En effet, le chiisme, contrairement au sunnisme, dispose d'une structure cléricale qui détient le pouvoir religieux. *Ayatollah*, « signe de Dieu » en persan et en arabe, est le titre attribué aux hommes reconnus comme experts en droit et en jurisprudence islamiques selon la tradition chiite. Khomeiny avait été nommé ayatollah à la fin de ses études théologiques à Qom, avant d'atteindre le rang de *marjaa-e taqlid*, c'est-à-dire « modèle à imiter », plus haut degré de la hiérarchie cléricale accordé à un ayatollah. Mais peu de gens savent à ce moment-là ce que signifie vraiment la *Velayet-e faqih* théorisée par Khomeiny, les ouvrages de ce dernier ayant été interdits en Iran sous le régime du shah et lui-même s'étant bien gardé d'en parler durant ses dernières années d'exil pour éviter d'éveiller toute méfiance. Khomeiny voulait conférer à son pouvoir une sacralité qui le rende indéboulonnable alors que, partout ailleurs au Moyen-Orient, on assistait à des tentatives de sécularisation. Il a réussi à mettre en œuvre tous ses plans, alors qu'il ne faisait l'unanimité ni parmi les savants religieux ni dans la sphère politique de son pays. Avec sa théorie de la *Velayet-e faqih*, le guide détient le pouvoir absolu, il n'a aucun compte à rendre à personne, encore moins au peuple puisqu'il tire sa légitimité de Dieu. « Khomeiny a islamisé à nouveau tout ce qui lui semblait s'éloigner de l'islam [...] puis il a politisé tout ce qui ne l'était pas tel que la prière[2] », écrit justement le chercheur Hassan Diab el-Haraké.

Le chiisme se définit dans ses sources primaires comme un enseignement ésotérique, mystique de type quiétiste et apolitique. Même si sa mutation en une théorie politique trouve ses origines des siècles auparavant, c'est bien Khomeiny qui signe l'aboutissement de cette évolution à l'origine de la révolution iranienne et point de départ de l'islamisme activiste qui se propage aujourd'hui à l'échelle planétaire.

Afin de comprendre la politisation d'une certaine tendance du chiisme contemporain aboutissant à la révolution khomeiniste, il faut revenir sur quelques faits historiques qui ont rendu possible cette mutation. Au Xe siècle, le chiisme connut une période glorieuse : les princes chiites de la famille des Bouyides régnaient en maîtres à Bagdad, capitale de l'empire islamique à l'époque abbasside. Les Zaydites, appelés aussi « les chiites à cinq imams », régnaient sur le Yémen, les Hamdanides duodécimains sur certaines régions de Syrie et d'Irak, les Fatimides ismaéliens sur presque toute l'Afrique du Nord et certaines régions de Syrie, les Qarmates ismaéliens sur la région du golfe Persique, le sud de l'Iran et certaines parties de l'Arabie du Nord. Ainsi les chiites détenaient-ils le pouvoir sur des territoires parmi les plus importants du monde islamique. Cette période fut également celle du tournant rationalisant de la pensée islamique, avec la traduction des œuvres grecques en arabe ; pour les chiites duodécimains, elle marqua l'entrée dans l'ère de l'occultation, c'est-à-dire d'un chiisme sans imam présent, avec la disparition du douzième imam, al-Mahdi, en 874. Cette époque est décrite comme celle de la *hayra*, de la confusion et de la perplexité : les princes adeptes du chiisme ainsi que les théologiens qui fréquentaient leur cour se trouvaient en contradiction avec beaucoup de textes de la tradition duodécimaine qui proscrivaient aux fidèles toute activité politique : « Ne cherchez pas à gouverner, ne courez pas derrière le pouvoir ; maudit est celui qui cherche à gouverner et celui qui le suit ; le seul pouvoir est celui du Sauveur à la Fin des temps[3]. » Le chiisme, dans ses textes fondateurs, est apolitique, quiétiste et marqué par une tendance très ésotérique et mystique, ce qui s'avérait embarrassant pour les princes et les penseurs chiites proches du pouvoir politique. Dans ce contexte de confusion, une tradition théologico-juridique rationaliste s'établit peu à peu pour donner une orientation plus normative et politique à la doctrine chiite. Quelques-uns des plus célèbres clercs de cette époque tentent d'édulcorer la position traditionnelle : « Il est ainsi permis aux chiites en général, et aux juristes-théologiens en particulier, de collaborer avec le pouvoir injuste mais légitime, si cette collaboration aboutit à promouvoir les droits de la communauté chiite et à empêcher leur répression[4]. »

Un autre tournant historique important fut la conquête mongole au XIIIe siècle. Les docteurs de la loi se rattachant à la branche des duodécimains rationalistes, et dont les ennemis historiques étaient les Fatimides et les Abbassides, saisirent l'opportunité de l'affaiblissement de ces derniers par l'offensive des hordes mongoles pour se positionner en alliés des nouveaux maîtres de l'empire. Cette sentence du penseur Ibn Tâwûs (m. 1266) résume bien la position chiite : « Le souverain infidèle et juste est supérieur au souverain musulman et injuste. » Ainsi, le jurisconsulte et son autorité intellectuelle et spirituelle devinrent incontournables pour le pouvoir politique.

Enfin, la prise de pouvoir de la dynastie safavide en Iran (de 1502 à 1760) et la proclamation du chiisme duodécimain comme religion d'État constituèrent un autre tournant historique. Les Safavides éprouvèrent en effet le besoin de créer un autre pôle de pouvoir face aux Ottomans sunnites et d'asseoir leur légitimité sur une solide structure religieuse. C'est ainsi que les savants chiites des quatre coins de l'empire se réunirent pour créer un clergé chiite officiel contrôlé par l'État. À partir de ce moment, les grands docteurs de la loi acquirent de plus en plus de pouvoir sur les plans économique et social. Ils s'octroyèrent des prérogatives jusque-là réservées aux imams comme la collecte de certaines taxes religieuses, le contrôle de la justice et l'application des peines, la déclaration du *jihâd* offensif, etc. À l'époque suivante, celle de la dynastie des Qâjârs (1794 à 1925), les rapports entre les shahs et les religieux étaient très ambigus mais les uns avaient indéniablement besoin des autres pour asseoir leur légitimité et les docteurs de la loi se positionnaient désormais explicitement comme les porte-parole de l'imam caché. L'illustration la plus frappante de cette transformation est l'autorisation que Fath 'Ali Shâh a pu obtenir du *mujtahid* (juriste) Ja'far Kâshif al-Ghitâ' († 1812), pour mener le *jihâd* contre le tsar russe. C'est à cette même époque qu'apparaît la première utilisation de la notion de *walâyat al-faqîh* pour exprimer la délégation du pouvoir dévolu aux juristes au nom de l'imam caché. Cette expression deviendra le fondement central pour l'ayatollah Khomeiny qui s'inscrit dans la continuité de l'évolution historique du courant rationaliste des penseurs bouyides de Bagdad.

Au XIX^e^ siècle, ces juristes prennent même le pas sur le pouvoir du shah : ils l'estiment incapable de résister aux Anglais, organisent la résistance populaire et appellent à la création d'un régime parlementaire. La doctrine de Khomeiny ne sort donc pas de nulle part, mais elle constitue un pas supplémentaire et radical : le juriste, qui s'était déjà vu déléguer le pouvoir religieux de l'imam caché, en revendique maintenant le pouvoir politique direct et absolu. « À ce titre, la doctrine Khomeinyste peut être considérée comme l'aboutissement d'un long processus millénaire qui va de la rationalisation de la doctrine religieuse à son idéologisation[5]. »

Cette concentration des pouvoirs religieux et politique dans les mains de Khomeiny explique pourquoi certains chiites ont vu en lui la manifestation de l'« imam caché », ce douzième imam occulté depuis des siècles et qui doit venir à la fin des temps comme Mahdi, le guide ultime. Pour étendre son influence et son emprise sur l'Iran, Khomeiny s'appuie sur l'ancrage du clergé dans le pays et son réseau de mosquées sur le terrain, car lui-même, ayant vécu longtemps en exil, était jusque-là méconnu du grand public.

En fin stratège, il avait pris soin de cacher le fond de sa pensée et son véritable dessein pour son pays, particulièrement en ce qui concerne le statut de la femme, déclarant ainsi à un groupe de reporters allemands, le 12 novembre 1978 : « Tout ce que vous avez entendu concernant la condition féminine dans la République islamique n'est qu'une propagande hostile. Les femmes seront complètement libres, dans leur éducation et dans tout ce qu'elles feront, tout comme les hommes. » Pourtant, dès sa prise de pouvoir, il met l'accent sur l'importance de revisiter le rapport aux femmes et leur place dans la société et celles-ci voient rapidement leurs droits se réduire comme peau de chagrin. Des militantes iraniennes témoignent du premier 8 mars qui a suivi le retour de Khomeiny : « La manifestation des femmes n'était organisée par aucune formation politique. Elle n'appartenait à personne. C'était une manifestation de femmes, d'abord prévue pour célébrer ce jour. La veille du 8 mars, j'ai entendu au journal de 21 heures Khomeiny dire que les femmes ne devraient pas aller travailler "nues" ! Nues, ça voulait dire sans le voile ! À ce moment-là, on ne l'a pas pris au sérieux. Je me suis dit : Il est fou, il a perdu la tête », témoigne une militante des droits des femmes. La sentence est tombée et plus jamais aucune femme iranienne n'allait pouvoir jouir de sa liberté de décider de se couvrir ou se découvrir, jusqu'à nos jours. Le corps de l'Iranienne ne lui appartient plus, il est désormais la propriété du régime politique. Elle en est dépossédée et il devient une œuvre qui tombe dans le domaine public. Tous les hommes de son pays, sauf elle, ont dorénavant un droit de regard sur la place que ce corps devra occuper, ou plutôt la façon dont ce corps doit être rendu invisible et inexistant dans l'espace public. Les Iraniennes ne devront plus jamais oublier que ce corps représente le démon qui mène l'homme à commettre le pire des péchés, à l'éloigner de sa religion et de Dieu, de la grandeur de l'accomplissement auquel il est prédestiné en raison de « la supériorité dont Dieu lui a fait la faveur ».

Les femmes iraniennes ont continué à manifester. Plus d'un million d'entre elles sont descendues dans la rue pour réclamer plus de liberté, car elles savaient que c'était le moment ou jamais. Une fois que la Constitution et les lois seraient écrites, un retour en arrière ne serait plus possible. Le slogan des manifestantes était : « La liberté ne vient ni de l'Est ni de l'Ouest, elle est universelle. » Le deuxième jour, une horde d'hommes armés de chaînes s'est opposée aux manifestations. « Ils ont vraiment fait beaucoup de trucs sales, ils ont dit beaucoup d'obscénités aux femmes qui manifestaient et ils ont attaqué avec leurs chaînes… Ils les ont poussées dans une impasse, contre un mur et ils ont sorti leurs pénis et le leur ont tendu en disant : "Vous voulez la liberté ? Venez la prendre !" »

Le phallus comme arme de guerre ! Je n'en reviens pas quand j'entends le témoignage de cette Iranienne !

Suis-je vraiment de la même religion que ces hommes ? J'ai toujours connu dans ma famille des hommes extrêmement pudiques. Quel contraste avec l'image de celui qui incarne pour moi la tradition musulmane, mon arrière-grand-père, El-Hadj Ahmed, toujours drapé dans ses amples vêtements blancs à travers lesquels on pouvait à peine deviner les formes frêles de son corps de vieux sage, la tête cachée dans un turban blanc brodé de fil doré, d'une immense bienveillance et d'une grande sagesse... De quel argument religieux, de quel texte coranique, de quelle tradition du Prophète, de ses Compagnons ou de la génération des Suivants peuvent-ils bien se revendiquer ? Un tel comportement est aux antipodes de l'islam. Le Coran et le Messager de Dieu ne sont pas responsables d'une telle abjection. Que s'est-il passé dans l'évolution de cette société musulmane pour que des hommes se revendiquant de la tradition musulmane soient si immoraux et impudiques ?

Cette scène illustre la notion de virilisme à son comble. Dans son essai *Le Genre intraitable*, la philosophe Nadia Tazi renouvelle le diagnostic des études de genre dans le monde musulman passé et présent. Elle nous livre une analyse perspicace : « La mouvance islamiste qui occupe aujourd'hui les devants de l'actualité exprime plus un regain de virilisme qu'un éveil de la foi[6]. » La virilité, avant l'avènement de l'islam, était définie par l'environnement extrêmement difficile de la vie des Bédouins dans le désert, contrairement au masculin construit par l'islam qui se définit par la modération, la décence et la mesure. La définition négative du viril est « l'homme qui déprécie et rejette le féminin – et pas seulement la femme – chez lui-même comme chez tout sujet mâle n'épousant pas ses valeurs et son mode de vie. Étant entendu qu'en terres d'Islam, la doxa la plus usée qui soit décrit le féminin comme passif, faible, libidineux par nature et dangereux. Certes, le macho – ce surmâle ordinaire pour qui le phallus énonce la vérité de l'être et la valence individuelle de l'homme – ne revendiquera pas tant cette représentation de lui-même. Il préférera mettre en avant les signes du pouvoir (la virilité est d'abord affaire de signes, d'affichage et de reconnaissance des signes), les démonstrations de force, les attestations de jouissance et de puissance génésique ou financière[7] ».

Pour faire advenir la république islamique, Khomeiny a fait régner la terreur. Les exécutions ont commencé presque immédiatement après son arrivée au pouvoir, visant les généraux, les partisans du shah et tous les opposants. Khomeiny a soumis et détruit tous ceux qui critiquaient sa politique. Ainsi, le viril placé au service de Dieu et de la *sharia* est glorifié et invoqué dans la défense de la patrie, en affichant l'esprit de sacrifice de l'imam Ali et de ses fils. Dans cette volonté de toute-puissance, le virilisme a viré à la pulsion de mort. L'islamisme, assimilé bientôt à l'islam, trouve là ses funestes racines.

# 2

# L'islam de mes origines

J'ai connu l'islam de l'intérieur. J'ai grandi dans un pays musulman, l'Algérie, que j'ai quittée à l'âge de vingt-quatre ans. Mon père et mes grands-parents paternels furent les premiers à me le transmettre durant mon enfance, en Kabylie. J'ai eu la chance de découvrir cette religion dans un environnement rural avec ce qu'il offre d'apaisant et d'authentique. Au plus près de la nature, j'ai appris à contempler Dieu dans Sa création, un Dieu « immanent », sans que je connaisse ce mot ni en avoir vraiment conscience dans mon imaginaire d'enfant ; mes aînés n'en avaient d'ailleurs pas plus conscience que moi. Pour eux, le lien à Dieu s'expérimente et se vit à chaque instant sans y mettre des mots savants ni de grandes théories. Seule la sagesse ancestrale doit nous guider pour comprendre la religion au cœur de la vie, éloignée de toute récupération idéologique ou politique.

L'islam m'a aussi été enseigné à l'école publique algérienne, où on nous racontait la création d'Adam et Ève en cours d'éducation religieuse et la théorie darwinienne de l'évolution en sciences naturelles, sans que cela ne pose aucun problème. J'ai ainsi reçu un enseignement aux sciences religieuses jusqu'à la fin de mes études secondaires et l'obtention de mon baccalauréat. Celui-ci fut mon premier passeport pour la réalisation d'une vie choisie et non subie, de ma propre voie et non celle que la société, la famille ou un mari auraient pu choisir pour moi. Très jeune, j'avais déjà une conscience aiguë de la valeur de la liberté et très vite, le combat pour sa conquête s'est imposé à moi. J'ai compris durant ce parcours qu'avant de pouvoir en jouir extérieurement dans mes actes, je devais d'abord engager un travail de transformation intérieure profonde.

Mes parents se sont connus à Paris, où mon père était venu poursuivre ses études. Une rencontre assez improbable, non seulement entre une Française et un Algérien (ce qui est somme toute assez banal), mais parce qu'elle nouait des liens concrets entre les trois monothéismes : mon père était musulman, ma grand-mère maternelle était juive polonaise et mon grand-père maternel français catholique. Ces origines s'annonçaient comme une source de richesse inouïe et de questionnements existentiels parfois déchirants et complexes.

Mes parents avaient décidé d'aller vivre en Algérie alors que j'avais à peine un an. Quelques mois plus tard, ma mère est rentrée en France sans pouvoir me prendre avec elle : en effet, le Code de la famille algérien n'autorise pas une femme à sortir du territoire national avec son enfant sans l'autorisation du père. Ainsi, je me suis retrouvée très jeune sans mère et, dans ma famille paternelle, chacun a redoublé d'attentions et de soins pour combler ce vide. Mon père est originaire d'une famille maraboutique de Kabylie, il est ce qu'on appelle en arabe dialectal un *mrâbet*, ou *amrâvedh* en langue berbère. Les mots *mrâbet*, *murâbit*, *ribât*, *murâbata*, construits sur la même racine *rabata*, se rattachent à l'idée que celle-ci exprime, celle de « lier ». Les mystiques sont dits avoir « jugulé (*rabatû*) leur âme charnelle par l'obéissance à Dieu ; puisqu'ils ont renoncé à ce bas monde, celui-ci leur est soumis[1] ». S'il est très employé au Maghreb, il « implique particulièrement dans ces pays le caractère héréditaire de la sainteté[2] » et est moins utilisé, pour désigner les saints, que les termes de *sâlih* (« vertueux ») ou *walî* (« ami proche » de Dieu). Le terme a donné en français « marabout », avec des connotations négatives héritées d'un imaginaire colonial condescendant. Edmond Doutté commence son livre sur les marabouts au Maghreb avec ce constat : « S'il est une idée bien ancrée dans le public, c'est que le caractère le plus saillant du mahométisme est sa simplicité. C'est, dit-on, un grand monothéisme, absolu, très sec et où rien ne relie la créature au Créateur. » Pour un autre auteur, l'islam des Berbères serait superficiel : « Au point de vue religieux, les Berbères sont des musulmans de surface, [...]. Sans parler du fétichisme [...], le culte des *chorfa* (descendants du Prophète) et des marabouts, morts ou vivants, réprouvé par l'islam orthodoxe, a pris chez eux les proportions d'une véritable anthropolâtrie[3]. » Ainsi l'islam, pour les orientalistes de cette époque, ne pouvait produire une quelconque mystique, aucune doctrine sur la sainteté ne pouvait émaner du Coran pour rapprocher l'humain de son Seigneur et élever son âme. « L'autorité de Renan avait en quelque sorte imposé dans les milieux universitaires la thèse proaryenne de Gobineau sur l'inaptitude des Sémites aux arts et aux sciences et sur l'origine aryenne du mysticisme dans les religions dites sémitiques. [...] Dès lors, les orientalistes s'attachaient à la recherche des influences étrangères sur le mysticisme musulman, Asin, Becker mettant l'accent sur les éléments hébréo-chrétiens, Renan, Horovitz, Wensinck sur le syncrétisme oriental, Horten, W. Jones, Goldziher sur l'hindouisme[4]. »

Les marabouts d'Afrique du Nord ont été réduits au charlatanisme, à la magie et à la sorcellerie. Quel ne fut pas mon étonnement, il y a quelques années, lorsqu'un proche m'avoua sa peur des pouvoirs magiques et maléfiques des marabouts alors que j'avais pour ma part connu, durant toute mon enfance, une famille réputée être de lignée noble car descendante d'un « saint », un *walî*, une famille souvent traitée avec respect et déférence. Quand ils s'adressaient aux hommes de ma famille, les gens faisaient précéder leur nom du titre « Sî », diminutif de *sîdî*, « Monseigneur » ; les femmes avaient pour leur part droit à « Lla », le diminutif de *lâlla*, « Madame ». Dans le village de mes grands-parents, beaucoup de femmes de condition sociale modeste rendaient visite à ma grand-mère qu'elles appelaient toujours Lla-Louiza et qu'elles révéraient pour sa grande générosité et sa compassion envers elles. Mon arrière-grand-père, El-Hadj Ahmed, était un homme d'une grande sagesse dont l'intercession pour la résolution des conflits entre membres des tribus et villages alentour était reconnue et respectée. Un dicton connu disait à propos des marabouts en Kabylie, pour signifier la sanctification dont ils sont entourés : « Celui qui porte atteinte à un marabout ne sera pas épargné par la malédiction. » C'est probablement à cause de ce statut particulier que ceux-ci étaient tantôt respectés, presque vénérés, tantôt craints ou jalousés.

Mes grands-parents n'ont étudié ni la théologie, ni la jurisprudence, ni rien d'autre d'ailleurs ; à leur époque, les « indigènes » n'allaient pas à l'école. Analphabètes, ils avaient reçu leurs valeurs morales de cette culture « maraboutique » traditionnelle, imprégnée de mystique soufie, et la mettaient en œuvre à leur tour. Ce premier rapport à la religion, à travers l'éducation familiale, m'a permis de construire ma conscience d'individu responsable. Mon imaginaire en fut nourri d'une compréhension du lien à Dieu qui me guidait à chaque instant de ma vie, à réaliser le bien et à lutter contre le mal, même dans les actes les plus insignifiants du quotidien. Mes grands-parents m'ont transmis leur compréhension de la religion et du rapport à Dieu, un Dieu présent à tout moment et partout, le seul à qui nous ne pouvons rien cacher, ni le louable ni le blâmable. Dès lors, il est inutile de chercher à se soustraire au regard et au jugement des autres puisqu'il y a plus grand que nous pour voir tout, absolument tout. Cela représentait à mon sens une belle façon d'éduquer les enfants, de les responsabiliser et de les guider dans leurs actes. Un célèbre *hadîth* exprime bien cette idée :

> 'Umar ibn al-Khattâb a dit : « Un jour, alors que nous étions avec le Messager de Dieu, un homme tout de blanc vêtu, aux cheveux noirs, s'approche de nous. Aucun signe de voyage n'était visible sur lui et aucun d'entre nous ne le reconnaissait. Il s'assoit devant le Prophète, appuie ses genoux contre les siens et lui demande : "Parle-moi, Muhammad, de l'islâm." Le Prophète répond en énumérant les cinq piliers : la double profession de foi – il n'y a de divinité que Dieu et Muhammad est Son envoyé –, la prière (*salât*), l'aumône purificatrice (*zakât*), le jeûne du mois de Ramadan et le pèlerinage à La Mecque (*hajj*). Puis l'homme interroge de nouveau le Prophète, cette fois-ci sur l'*imân* (la foi). Le Prophète répond : "Elle consiste à croire en Dieu, en Ses anges, Ses livres révélés, Ses envoyés, au jour dernier ainsi qu'à la prédestination." L'homme s'enquit enfin de l'*ihsân* (l'excellence du comportement, la recherche de la per-

fection). Le Prophète répond : "C'est que tu adores Dieu comme si tu Le voyais, car si tu ne Le vois pas certes Lui te voit." Après quelques questions sur la fin des temps, l'homme s'en va ; alors le Prophète voyant ses compagnons étonnés les informe : "C'était l'archange Gabriel. Il est venu vous enseigner votre religion." »

Ce *hadîth*, qualifié d'authentique, est un des arguments les plus cités dans les textes classiques de l'islam. Il est particulièrement utilisé par les penseurs soufis mais pas seulement. Son intérêt réside dans sa structure qui encapsule, en un récit mystique de quelques lignes, toutes les dimensions de la religion musulmane : la dimension jurisprudentielle et normative, la dimension théologique et la dimension philosophico-mystique. L'islam aujourd'hui plus qu'à toute autre époque se caractérise par une inflation des lectures normatives centrées sur l'interdit et le permis, l'amputant ainsi de toute dimension spéculative ou mystique.

# 3

# Kahina, la reine prêtresse

Dès son plus jeune âge, mon père avait formé le souhait de donner à sa première fille le nom de son ancêtre, la reine berbère. Né en 1951 en Kabylie où il a étudié jusqu'à la fin de ses études secondaires, il était, comme beaucoup de Kabyles, très attaché à son identité berbère. J'étais très proche de lui, un amour indéfectible nous liait. Je me rappelle ces longs moments de conversation où nous parlions de tout et de rien. Lorsque nous évoquions la religion, la spiritualité, invariablement, nos causeries se concluaient par cette phrase : « Ce qui compte dans la vie ma fille, c'est d'avoir un bon cœur. » C'était une évidence pour lui : un cœur corrompu ne pouvait mener sur une voie éthique qui satisferait aux commandements divins. Il me racontait également sa jeunesse, ses années de lycée – il faisait partie des rares enfants de son âge, nés sous l'occupation française, à avoir eu la chance d'accéder au lycée et ensuite aux études supérieures. Il aimait plus que tout les grands auteurs français, Victor Hugo, Rimbaud, Verlaine. Au lycée, un épisode l'avait particulièrement marqué. Plusieurs étudiants et lycéens de Kabylie avaient décidé de faire une manifestation pour revendiquer la reconnaissance de l'identité et de la langue berbères. À cette époque, il n'était pas de bon ton de se dire Kabyle ou Berbère en Algérie : parler la langue kabyle à Alger pouvait vous valoir des insultes, des coups de matraque et même la prison. Et c'est ce qui s'est passé à Tizi Ouzou cette année-là : mon père s'est retrouvé en prison suite à la marche. Heureusement, son oncle, qui était commissaire de police, l'en a vite fait sortir. À partir de ce moment-là, il a pris conscience de son devoir de transmission en donnant des prénoms berbères à ses enfants. Un de mes frères porte ainsi le nom du roi berbère Massinissa.

Celle qu'on appelle « la Kahina », al-Kâhina en arabe, est un symbole très fort et une figure emblématique de l'histoire des Berbères. Le récit de son épopée commence souvent par un dicton, comme un pacte qu'elle lègue à sa descendance : « Nous briserons mais nous ne plierons pas. » Elle l'aurait prononcé lorsque, suite à plusieurs victoires à la fin du VII^e siècle, elle perdit une bataille contre les Arabes omeyyades. La légende raconte qu'elle a préféré se suicider plutôt que de se rendre à l'ennemi tout en conseillant à ses fils de se convertir à l'islam. Le personnage de la Kahina est entouré de mystère et les traits de personnalité qu'on lui prête relèvent plus souvent du mythe que de la réalité, mais les Berbères y croient dur comme fer. Ne dit-on pas à propos des mythes qu'ils délivrent plus de vérités sur ceux qui les racontent et y croient que sur les personnages qu'ils mettent en scène ? Le général Daumas, l'un des fondateurs des bureaux arabes en Algérie, et auteur du livre *Mœurs et coutumes de l'Algérie*[1] disait qu'il aimait les Berbères pour leur sens de l'indépendance, leur orgueil et leur refus de l'humiliation.

Gisèle Halimi, cette autre femme pour qui j'ai aussi une grande admiration et un profond respect, a écrit un ouvrage romanesque sur cette reine berbère, où elle mêle recherches historiques et légende[2]. L'avocate féministe voulait faire de son héroïne une juive comme elle, une ancêtre, pour s'identifier à elle. Quelle féministe originaire d'Afrique du Nord ne voudrait pas être l'héritière légitime de cette reine berbère qui a guidé des armées d'hommes et gagné des batailles contre l'envahisseur des terres de son peuple ? Quelle que soit notre religion, nous sommes toutes légitimes de son héritage. Les historiens n'ont jamais pu établir une histoire unique et définitive de la Kahina. Beaucoup de mystère et de légende entoure ce personnage. Cela est regrettable d'un point de vue purement historique mais le rôle d'une légende est de permettre à chacune et à chacun de s'en emparer, de se l'approprier, de s'y identifier et d'aller puiser une légitimité à un combat actuel dans une histoire ancestrale. Pour ma part, me dire que cette femme, absolument fantastique, mon ancêtre, a réussi à accomplir ce que les femmes n'ont accompli que très rarement dans l'histoire de l'humanité me donne le courage de poursuivre le combat, de rester forte, d'emprunter la voie qu'elle a tracée et d'aller encore plus loin.

J'aime cette idée que j'ai peut-être, avec cette grande dame qu'est Gisèle Halimi, une ancêtre en commun. Elle juive, moi musulmane, nous partageons un même héritage, une aïeule dont ses parents juifs et les miens musulmans sont les dignes descendants ! Ironie de l'histoire, cela signifierait que c'est par mes origines berbères paternelles que j'ai des racines communes avec cette grande dame juive et non par mes origines maternelles, ma grand-mère étant ashkénaze ; comme pour signifier que les liens de fraternité dépassent nos clôtures mentales, sociologiques et dogmatiques.

Revenons à l'histoire de la Kahina. Plusieurs sources historiographiques des premiers siècles de l'Islam la mentionnent et son existence réelle ne fait aucun doute pour les historiens. Son nom aurait été à l'origine Dihiya ou Damya (selon les variantes graphiques de l'orthographe arabe de son nom), et d'après les mêmes sources arabes elle aurait été surnommée *al-kâhina*, ce qui signifie « la prophétesse », « la devineresse » ou « la prêtresse », en raison des dons de divination que les conquérants musulmans lui prêtaient suite aux défaites qu'elle leur avait infligées. D'autres approches attribuent à son surnom une origine hébraïque ou phénicienne-punique (langue très proche de l'hébreu), *kohen* signifiant « prêtre » dans ces deux langues : elle aurait été ainsi soit prêtresse, soit descendante d'une famille de prêtres. Les Arabes du Moyen-Orient, qui ne prennent en compte que l'étymologie arabe et ignorent généralement tout de l'histoire du Maghreb, ont de ce fait souvent du mal avec mon prénom. Un jour où je donnais une interview à un journaliste égyptien, ce dernier me fit remarquer que celui-ci avait une signification un peu gênante en arabe et il me suggéra de prendre un pseudonyme pour ne pas heurter la sensibilité des oreilles arabophones. Consciente de ce risque et de la méconnaissance de cette figure historique, je lui contai alors l'histoire de la reine berbère. Cela fut une vraie découverte pour lui, au point qu'il décida de l'intégrer à son interview.

D'après certaines sources, elle aurait été de confession chrétienne plutôt que juive. Sa tribu, celle des Djarâw, subdivision des Zanâta, eux-mêmes rattachés aux Butr menant une vie nomade et pastorale, aurait d'abord adopté le judaïsme, mais elle se serait ensuite convertie au christianisme, comme beaucoup d'autres tribus tels les Nahua[3].

La conquête de l'Afrique du Nord par la dynastie omeyyade s'est heurtée à la résistance des populations berbères locales et aux puissances byzantines implantées sur les côtes, en particulier à Carthage. D'après l'historien arabe al-Waqidi, la Kahina se serait soulevée contre les Omeyyades, « par suite de l'indignation qu'elle ressentit de la mort de Kusayla », son prédécesseur. Dans une première phase, elle fut victorieuse. La bataille la plus décisive fut celle des bords de l'Oued Nînî, non loin de l'actuelle Khenchela. Il semblerait que la bataille ait été si calamiteuse pour les Omeyyades que les Arabes rebaptisèrent l'oued Nahr al-Balâ' (« la rivière des épreuves »). Après une dernière bataille à Gabès, en Tunisie, les armées arabes furent finalement expulsées hors de l'Ifrîqiyya, l'Afrique du Nord.

On raconte que la Kahina a essayé, après ces victoires, d'établir de bons rapports avec les Arabes en traitant les prisonniers avec bonté. Elle aurait ainsi adopté un chef influent, Khâlid b. Yazîd, le neveu du général omeyyade Hassan, par le rite berbère de l'allaitement simulé. Mais ce même Khâlid se serait retourné contre elle et l'aurait espionnée au profit des Omeyyades. Devant l'échec de cette politique et consciente de la puissance ennemie, la Kahina aurait décidé de pratiquer la politique de la terre brûlée pour dissuader l'envahisseur de revenir et de s'emparer des terres de son peuple. D'après M. Talbi, ces destructions n'auraient pas dépassé quelques régions de l'Ifrîqiyya, mais cela aurait suffi pour que la Kahina s'aliène certaines fractions de la population sédentaire qui a cherché refuge dans les îles de la Méditerranée occidentale et dans la péninsule Ibérique.

Hassan, ayant été renseigné de la situation par Khâlid, envahit alors de nouveau l'Ifrîqiyya, probablement en 697-698. Les Berbères autochtones ne faisant plus cause commune, le vent du défaitisme commença à souffler sur les Aurès, et c'est sans doute ce vent qui, soufflant dans les cheveux déployés de la Kahina en extase, inspira à celle-ci ses prophéties, transmises comme autant d'oracles lors de son ultime bataille. Elle aurait succombé à côté d'un puits qui dès lors porta son nom, après avoir conseillé à ses deux fils de se rallier à l'armée arabe pour avoir la vie sauve. Les sources divergent concernant la fin de la reine. Elle serait soit morte au combat, l'épée à la main, soit en se suicidant par empoisonnement, d'où son fameux dicton : « Nous briserons mais nous ne plierons pas. »

Cette figure de l'histoire nord-africaine mériterait d'être mieux connue des jeunes générations tunisiennes, algériennes, marocaines, libyennes, etc. Il faut réparer cette méconnaissance de l'histoire des Berbères enfouie sous les sédiments opaques d'acculturation opérée par différentes invasions, occupations, colonisations de l'Afrique du Nord. Les brassages culturels et humains apportés par cette histoire constituent certes dans bien des domaines une grande source de richesse, mais pour autant, elle ne devrait jamais aboutir à l'effacement de notre mémoire et à la méconnaissance de qui nous sommes. Savoir d'où l'on vient est fondamental pour un individu comme pour un peuple. Il ne s'agit aucunement d'une réaction de rejet ou d'exclusion mais simplement de savoir qui nous sommes. Tout peuple a besoin d'un récit fondateur. Plus un arbre est enraciné dans la terre où il a germé, plus il est fort et mieux disposé à épanouir ses branches et ses feuilles vers l'extérieur, dans l'air et dans le ciel ; de même, mieux un individu connaît son histoire et celle de ses ancêtres, plus il est solide et capable de s'ouvrir à l'altérité qui l'entoure. À l'inverse, la fragilité née du sentiment d'être un déraciné amène le repli sur soi car le monde extérieur est sans cesse perçu comme un danger potentiel. Ce sentiment explique en partie le besoin ressenti par certaines jeunes personnes de vouloir se protéger de l'altérité en adoptant un comportement de fermeture et de repli.

# 4

# Les Almoravides, une dynastie berbère

On a tendance à assimiler l'Islam en tant que civilisation à l'arabité. Pourtant, l'Empire musulman s'est étendu sur des terres et des peuples bien au-delà de ses origines arabes, et ce dès les premiers siècles de l'Islam. En Afrique méditerranéenne, les Berbères ont ainsi repris le pouvoir dès le xe siècle, quand les califats omeyyade et abbasside, expressions de l'hégémonie arabe, ont commencé à perdre de leur puissance et de leur autorité. La première dynastie berbère importante de l'Afrique du Nord fut la dynastie des Zirides auxquels on attribue la fondation d'Alger (*Al-Jazaïr*) dans la seconde moitié du xe siècle. Ensuite, c'est l'ouest qui prend le dessus. Au milieu du xie siècle s'ouvre en effet le temps des grandes dynasties berbères : Almoravides (1055-1147), Almohades (1147-1269) et Mérinides (1248-1465), les deux premières dominant à la fois le Maghreb et l'Espagne. Le temps des Berbères s'est étendu jusqu'au xvie siècle. Ma famille paternelle d'origine maraboutique est probablement descendante de la dynastie des Almoravides puisque celle-ci s'est étendue jusqu'aux territoires de la Kabylie actuelle.

Le terme *ribât*, de la racine *rabata*, est présent dans la langue arabe dès le viie siècle et donne naissance à plusieurs dérivés au sens très évolutif jusqu'aux usages plus tardifs que nous connaissons aujourd'hui, sous les mots « marabouts », « maraboutisme ». Vers la fin de la période califale, il désigne des dispositifs de défense installés sur les côtes et sur les frontières terrestres. À partir de l'époque abbasside, vers les IXe et Xe siècles, le terme prend, en plus de son sens militaire, la connotation de séjours méritoires dans ces lieux de grande importance. Certains *ribât* sont de simples hospices pour voyageurs. Le *ribât* en tant qu'édifice urbain accueillant des mystiques apparaît de façon nette à partir de l'époque seldjoukide (1037-1194). Selon certains auteurs médiévaux, les *ribât* se répartissent entre plusieurs grandes zones : Transoxiane et Khorasan, provinces au sud du Caucase, territoire à l'ouest de la mer Caspienne, côtes méditerranéennes, de la Palestine au Maghreb et à l'Espagne. Ils s'inscrivent dans une politique générale de construction d'établissements spécialisés : *madrassas* (écoles) pour les juristes et *khankah* (couvents) pour les mystiques soufis. Au XIIe siècle, le mot désigne ainsi dans l'Orient arabe une sorte d'établissement collectif pour les soufis, où l'on pratique des exercices spirituels plutôt que militaires. Certains maîtres soufis font état de cette mutation de sens en décrivant les habitants des *ribât* comme les véritables hommes de Dieu car ils ont jugulé (*rabatû*) leur âme charnelle par l'obéissance à Dieu. Tout en devenant un nom de lieu, le *ribât* a gardé un sens abstrait pour qualifier une attitude intérieure[1] ; Ibn 'Arabî le définit comme « l'attachement sans relâche (*mulâzama*) de l'âme » à une discipline spirituelle, une idée, une œuvre. « Ainsi le Prophète, ajoute-t-il, a dit que le fait de rester à la mosquée entre deux prières relève du *ribât*[2]. »

L'Afrique méditerranéenne est réputée avoir fourni

la plus ancienne attestation d'un établissement nommé *ribât*, dont les premières fondations auraient été jetées à la fin du IX^e^ siècle, dans une politique de renforcement des défenses côtières contre les raids lancés à partir des rivages chrétiens du Nord. Le *ribât* de Monastir et celui de Sousse se disputent cette primauté. À une époque plus tardive, alors que leur fonction militaire tend à s'amenuiser, les forteresses de Monastir furent considérées comme des lieux sanctifiants que les grandes personnalités choisissent comme lieu de repos éternel.

Al-Murâbitûn – Almoravides en langues européennes, Imradhen en berbère – sont une dynastie berbère qui a régné sur l'Afrique du Nord et l'Espagne de la seconde moitié du XI^e^ siècle à la première du XII^e^ siècle. Tirant leur nom de la même racine *rabata*, les Murâbitûn semblent se rattacher à ces moines combattants qui habitaient dans les *ribât* et s'y adonnaient aux exercices de dévotion et d'adoration pour s'élever dans les stations spirituelles. Ce sens est, d'un point de vue historique, particulièrement vrai dans plusieurs lieux en Afrique du Nord. Les Murâbitûn du Sahara expliquent ainsi l'origine de leur nom par leur rattachement initial à *dâr al-Murâbitûn* (la maison des Almoravides), créée par un théologien dans le Souss marocain pour l'étude et les exercices de piété.

Une personnalité historique importante émerge parmi les disciples de ce *dâr al-Murâbitûn* : Abd Allâh ibn Yâsîn, qui est envoyé par son maître dans le désert où il réside quelque temps et fait connaissance avec des familles princières de la tribu berbère des Lamtûna, les « hommes voilés » de la tribu berbère des Zenagas. Ceux-ci deviennent vite la « garde prétorienne » des Murâbitûn. Après avoir mené plusieurs guerres et étendu l'autorité des Almoravides sur tout le Sahara et au-delà, Ibn Yâsîn est tué lors d'une bataille.

Plusieurs hommes réputés pour être souvent des juristes ont succédé à Ibn Yâsîn sans être aussi éminents que lui jusqu'à Yûsuf ibn Tashfîn, une autre figure historique fameuse des Almoravides. Sous l'autorité de ce dernier, les conquêtes des Almoravides se poursuivent dans toute l'Afrique du Nord : Fès en 1075, Tlemcen en 1080, Alger en 1082 jusqu'à la zone de la Kabylie actuelle. Ils sont battus par le Hammadide Al-Mansûr de Bejaïa en 1102. La première grande mosquée de rite malékite, la Grande Mosquée d'Alger, fut bâtie par Yûsuf ibn Tashfîn. À sa mort, ce dernier lègue à son fils 'Alî un vaste empire comprenant les parties centrale et occidentale de l'Afrique du Nord, une partie de l'Afrique subsaharienne et de l'Espagne musulmane. Sa renommée fait la fierté des musulmans orientaux. On rapporte un propos du grand théologien Al-Ghazâlî où il exprime son désir de le rencontrer tout en faisant son éloge : « Un homme dont le nom est prononcé [dans le sermon du vendredi] sur plus de deux mille chaires, dont le pays s'étend sur une distance de cinq mois de marche, confine à celui des Ifrandj du côté de Saragosse, dans l'Aragon et à celui de Ghâna au pays des Noirs[3]. »

Les Almoravides ont parfois mauvaise réputation en Europe : ils ont de fait constitué un frein majeur à la Reconquista et, dans ce contexte, ont expulsé les populations chrétiennes d'al-Andalus vers les royaumes chrétiens du Nord. Il faut cependant noter qu'à la différence de leurs successeurs les Almohades ils ne se sont pas lancés dans une politique de persécution ou de conversion forcée[4]. Ils ont surtout réalisé de véritables progrès dans les domaines culturels, sociaux, politiques et religieux en Afrique du Nord, et ce de manière durable puisque quelques vestiges perdurent à ce jour. Pour certains historiens, les Almoravides sont les véritables fondateurs de l'État marocain. Ils ont réussi à unifier cette région qui était auparavant divisée en petites principautés tribales[5]. Ils y ont importé la civilisation andalouse qui fut rapidement assimilée au Maroc et à l'Afrique méditerranéenne en général. Ils ont fait venir des architectes, des ingénieurs, des secrétaires de l'Espagne musulmane, alors à l'apogée du développement scientifique, culturel, artistique et économique du monde musulman. Ces influences sont encore visibles aujourd'hui au Maroc et en Algérie. Une grande partie de la Qarawiyyîn à Fès, considérée par l'Unesco comme la plus ancienne université du monde encore en activité, date de l'époque almoravide ; elle fut agrandie sur l'ordre de 'Alî b. Tashfîn. La Qubbat al-Murâbityya a également été édifiée par les Almoravides en 1117. Parmi les plus beaux monuments légués par les Almoravides, la Grande Mosquée de Tlemcen témoigne elle aussi d'une forte influence andalouse : elle est en effet construite sur le modèle de la Grande Mosquée de Cordoue.

Les Murâbitûn Sanhâdja constituaient une élite politique et militaire, en particulier les Lamtûna, les Lamta et les Massûfa qui formaient une véritable caste et se distinguaient d'autres groupes arabo-berbères par leur *lithâm*, tissu léger en forme d'écharpe qui servait de voile pour se protéger la tête et le visage dans le Sahara. Les Lamtûna dirigeaient l'aristocratie sociale et leurs combattants constituaient le cœur de l'armée. C'est peut-être de là que vient l'idée d'une lignée noble des familles maraboutiques aujourd'hui, en Algérie et particulièrement en Kabylie. Ces Murâbitûn se dispensaient non seulement de recruter leurs cavaliers sur une base tribale, mais aussi de l'autorité des *fuqahâ'* (les jurisconsultes). Ainsi, même si les manuels de droit malikite devaient être étudiés en profondeur, copiés et commentés, certaines règles émanant du droit coutumier en vigueur chez les Sanhâdja, comme la vie extrêmement libre de leurs femmes dans une société masculine, devaient être maintenues.

# 5

# Bahlûl, le fou sage

Mon patronyme provient de l'héritage du nom d'un saint homme qu'on appelle Sidi Bahlûl-ou-'Âssem et que ses descendants surnomment pour leur part Jeddi (« grand-père ») Bahlûl-ou-'Assem. Il semblerait qu'il ait été originaire de la confédération des tribus amazighes les Sanhâdja, Iznagen en berbère. Il serait venu en Kabylie pour apprendre le Coran dans une zaouïa, c'est-à-dire un centre d'enseignement du soufisme. En raison de l'absence de recherches historiques académiques sur le sujet, nous ne pouvons établir de manière précise son lien avec la confrérie soufie al-Rahmâniya, un ordre confrérique très important qui s'est répandu à partir de la Kabylie dans l'ensemble du territoire algéro-tunisien à partir de la fin du XVIIIe siècle. Toujours est-il que certains récits du XXe siècle rattachent bien les familles maraboutiques de Kabylie descendantes de ce saint à cette confrérie.

Lorsqu'il concerne un ascète, le terme arabe *walî*, qui dérive de la racine *walaya*, « proche », signifie « celui qui est proche de Dieu », « l'ami de Dieu » et désigne les saints. On retrouve ce terme dans le verset : « En vérité, les bien-aimés de Dieu seront à l'abri de toute crainte, et ils ne seront point affligés » (10 : 62). Dans le Coran, le même adjectif est aussi appliqué à Dieu qui est l'ami du croyant : ainsi celui qui possède l'amitié, la *walâya*, possède aussi, en quelque sorte, les qualités de son ami. Il possède donc une autorité, des vertus, des capacités et des aptitudes particulières. La doctrine de la *walâya* a donné lieu à une littérature hagiographique abondante qui nous éclaire sur la vie des mystiques des premiers siècles de l'Islam et nous aide à préciser les contours de la notion de sainteté en Islam. Ibn 'Arabî (1165-1240) est celui qui présente le système le plus développé et le plus abouti sur la doctrine de la sainteté en Islam. Quelques caractéristiques du *walî* se dégagent de cette littérature hagiographique : il rappelle Dieu à tous ceux qui le voient, quiconque s'avance vers lui avec hostilité est anéanti, il possède la clairvoyance, il reçoit l'inspiration divine, il peut accomplir des miracles (*karâmât*) comme marcher sur l'eau et réduire l'espace et le temps, etc.

On évoque souvent, dans les études sur l'islam au Maghreb, le « culte des saints », expression très superficielle et galvaudée, visant à rabaisser la culture religieuse au rang d'une superstition. Or c'est méconnaître le rôle central du saint dans le domaine spirituel, essence première de toute religion. L'extrême considération exprimée envers les saints est due à la fonction cosmique fondamentale qui est attribuée aux *walîs* dans la mystique musulmane. Ils sont vus comme des membres actifs de la hiérarchie spirituelle des amis de Dieu, voire comme des « pôles » (*qutb* en arabe), des êtres humains parfaitement accomplis, intégraux (*al-insân al-kâmil* en arabe), qui incarnent ce pour quoi le monde a été créé. Cet être humain accompli représente dans son microcosme toute la réalisation du macrocosme et constitue ainsi un entre-monde qui relie le monde terrestre au monde céleste, véritable « lieu-tenant » (*khalîfa*) de Dieu selon le verset du Coran (2 : 30).

La littérature hagiographique reconnaît deux catégories de *walîs* : ceux qui désirent se rapprocher de Dieu par la voie mystique et ne peuvent y parvenir qu'en observant les obligations de la loi divine en y investissant toute leur force morale personnelle, et ceux que Dieu choisit et qui atteignent ainsi leur but par la seule action de la grâce divine. Tandis que le premier se confronte à l'adversité, aux écueils et aux difficultés, le second est dispensé de tous ces efforts ; il est « attiré » (*jadhab*) vers Dieu par Dieu Lui-même, on dit qu'il est *majdhûb*, « séduit, captivé, ravi ». Le *walî*, dans les représentations collectives, est souvent un « ravi par Dieu ». « Ce mot *majdhûb* sert du reste à désigner les illuminés, les fous, les simples d'esprit ou *bahlûl*, écrit ainsi Edmond Doutté[1]. Le dernier de ces termes est souvent pris dans un sens sacré : on naît *bahlûl*, on devient *majdhûb* par la grâce de Dieu. La *walâya* (état de *walî*) comporte le don des miracles, la faculté de disposer à son gré des forces de la nature, c'est-à-dire le *taçarruf*... C'est pendant sa vie que le *walî* s'entend donner ce titre par le peuple : on le considère même comme plus puissant durant sa vie qu'après sa mort. En fait, les *bahlûl*, les *majdhûb*, les *walîs* vivants pullulent autour de nous dans toute l'Afrique du Nord. » Cet extrait, bien que marqué par les circonstances coloniales de sa rédaction, relate de manière assez fidèle la réalité des représentations populaires du saint au Maghreb. Le *bahlûl* n'est pas le fou dont les facultés mentales sont altérées, il est presque le contraire de ce que nous considérons comme folie à notre époque : plus sage que fou, son ego s'est anéanti en Dieu pour devenir le moyen par lequel Il s'exprime.

Nous pensons qu'il est fou car il ne voit pas le monde avec nos normes consensuelles collectives. D'ailleurs, en Afrique du Nord, le fou est partie intégrante de la société, on ne cherche pas à le cacher ou à l'isoler dans un lieu où les fous se retrouveraient entre eux pour ne pas perturber la vie en société. Il est plutôt louable de participer à sa subsistance. La personne handicapée physique ou mentale n'est-elle pas le miroir qui nous renvoie avec force à nos propres handicaps ? Ne sommes-nous pas tous porteurs de failles et d'imperfections ? Je me rappelle, quand j'étais enfant, d'un fou qui déambulait à longueur de temps dans les ruelles du village en scandant une sorte de chant mystique ; nous l'entendions arriver de loin et nous accourions en préparant une aumône à lui donner car nous admettions tous que cela était source de *baraka*, de bénédiction divine.

On rapporte notamment l'histoire d'un personnage surnommé Bahlûl à l'époque du calife abbasside Harûn al-Rashîd (766-809). Érudit issu d'une famille aisée, Wâhab ibn 'Amr, après avoir été juge, décide de mener une vie d'ascèse et de renoncement suivant le conseil de son ami, l'imam chiite Mussa al-Kâdhim, alors emprisonné par le calife. Lors d'une visite, alors que Wâhab lui demande son avis sur la conduite à tenir vis-à-vis du pouvoir politique, l'imam répond simplement par une lettre arabe, *j*. Wâhab comprend, dès lors, qu'il doit simuler le *junûn*, la folie ou la possession par les djinns, pour échapper à la tyrannie du calife. Avec le temps, il a acquis la renommée d'un grand sage ravi en Dieu, vivant pauvrement, au verbe très franc et direct, ce qui lui permettait de faire passer des messages au calife et aux dignitaires de sa cour sans être inquiété. Le calife a même fini par éprouver de la sympathie et de l'amitié pour ce fou sage qui avait l'habileté de lui faire entendre certaines vérités que personne d'autre n'osait lui exposer. Ainsi Bahlûl fait-il partie de ces grands personnages, comme Nasreddine Hodja (ou Djeha ou Ch'ha au Maghreb), qui ont pratiqué la satire et le second degré au service de la sagesse pour tenter de corriger les vices et les travers du pouvoir politique et de la société.

Le soufisme s'est développé durant plus d'un millénaire au Maghreb et a donné naissance à des voies initiatiques aux caractéristiques diversifiées, engendrant des échanges très riches entre le Moyen-Orient et l'Occident musulman. La figure centrale de cette mystique est le *walî*, le saint musulman, qui demeure la figure de référence dont l'existence est tangible pour les croyants en quête de *baraka*, de bénédiction et de protection dans une religion où certains courants mettent l'accent sur une représentation de Dieu exclusivement transcendante. La pluralité géographique, culturelle et sociale du Maghreb a produit une large pluralité d'images de saints. L'hagiographie nous permet de dégager les types dominants selon les régions et les époques. D'une part, l'ascète sunnite pur, intransigeant et rejetant l'ostentation. Son degré de culture compte peu ; ce ne sont ni son savoir, ni ses ouvrages doctrinaux, ni sa poésie qui toucheront les cœurs de ses disciples, mais sa personnalité charismatique et les nombreux prodiges qu'il accomplit. Il est souvent aussi le cheikh d'une confrérie et on lui attribue généralement une filiation directe avec le Prophète via sa fille Fâtima, car la circulation de la *baraka*, l'influx spirituel du Prophète, peut se faire par l'intermédiaire de ses successeurs spirituels. Par ailleurs, on retrouve le saint extatique, le *majdhûb* excentrique, le *bahlûl* dont l'ego s'est éteint en

Dieu. Il existe enfin une troisième voie, celle du saint anomique, qui dissimule ses états spirituels élevés derrière une attitude extérieure choquante, transgressive, afin de s'attirer le blâme de la société des hommes. On appelle cette voie fondée sur le refus d'une attitude extérieure conforme *malamâtî*, c'est-à-dire « la voie du blâme » ; le saint patron de Tunis, Ahmad Abû l-'Abbâs ibn al-'Arûs, en est un illustre exemple. Notons également que la sainteté maghrébine n'est pas toujours musulmane, les saints juifs peuvent être respectés bien au-delà de leur communauté d'origine et, inversement, les juifs peuvent vouer une grande considération aux saints musulmans. À Tlemcen, Sîdî Ya'qûb, saint juif enterré aux portes de la ville, est visité par les juives tout comme par les musulmanes qui y font des sacrifices. À Fès, un culte est rendu à une sainte juive appelée Sol Achouel, et à quelque distance de la ville, sur la montagne Askrou, il y a un saint que les Berbères et les juifs révèrent avec la même dévotion[2].

On compte aussi de nombreuses saintes dont les tombeaux sont très fréquentés. Certaines ont même été des guerrières, comme Lâlla Fatma N'Soumer (1830-1863), figure très connue en Kabylie. Issue d'une famille de marabouts affiliés à la confrérie algérienne Rahmâniya, fondée en 1774 par Sidi M'hamed Bou Qobrine en Kabylie, elle était la fille du directeur d'une école coranique liée à la zaouïa. Elle était célèbre pour pratiquer de longues retraites spirituelles durant lesquelles elle priait jour et nuit, pratique qui lui a probablement été transmise dans le cadre de son initiation spirituelle à la confrérie Rahmâniya, connue pour sa pratique du renoncement à la vie matérielle et son retrait vis-à-vis de l'agitation profane. On raconte qu'elle avait des visions et communiquait avec les grands saints du passé, qu'elle rendait des oracles, guérissait les malades et s'occupait des pauvres. Ayant choisi la dévotion et la méditation, forte de sa lignée maraboutique, elle avait toute légitimité pour assurer des fonctions de médiation politico-religieuse et exerça une forte influence sur la société kabyle. Lors de l'invasion française, elle décida de se vouer au célibat et d'entrer dans la résistance. Elle remporta sa première bataille en 1849, obligeant les troupes françaises à se retirer. En 1857, quand les troupes du maréchal Randon réussirent à occuper les villages environnants, elle forma un noyau de résistance avant d'être capturée. Épuisée par son incarcération, Lâlla Fatma est morte en captivité à l'âge précoce et symbolique de trente-trois ans. Elle est ainsi décrite par un écrivain et un médecin accompagnant les troupes françaises[3] :

> Seule la prophétesse, formant disparate avec son peuple, est soignée jusqu'à l'élégance. Malgré son embonpoint exagéré, ses traits sont beaux et expressifs. Le khôl étendu sur ses sourcils et ses cils agrandit ses grands yeux noirs. Elle a du carmin sur les joues, du henné sur les ongles, des tatouages bleuâtres, épars comme des mouches sur son visage et ses bras, ses cheveux noirs soigneusement nattés s'échappent d'un foulard éclatant, noué à la façon des femmes créoles des Antilles. Des voiles de gaze blanche entourent son col et le bas de son visage, remontant sous sa coiffure comme les voiles de la Rebecca d'Ivanhoé. Ses mains fines et blanches sont chargées de bagues. Elle porte des bracelets, des épingles, des bijoux plus qu'une idole antique.

DEUXIÈME PARTIE

# POUR UNE RÉFORME AUJOURD'HUI

# 6

# Réinvestir le champ des sciences humaines et sociales

Depuis plusieurs décennies, l'islam occupe une grande part de la scène médiatique occidentale et lorsque celle-ci s'y intéresse, c'est dans la majorité des cas pour en parler comme d'une religion instrumentalisée par des idéologies politiques fondamentalistes et violentes, et jeter l'opprobre sur les fondements mêmes de celle-ci pour en faire une religion belliqueuse apportée par un prophète aux allures d'homme politique guerrier. Cela se fait au détriment d'une approche historique objective débarrassée des préjugés d'hier et des malentendus d'aujourd'hui. Or, l'islam dans sa réalité est d'abord une spiritualité, une sagesse qui alimente la foi de milliers de personnes dans le monde à la recherche d'une seule chose : trouver la paix en eux-mêmes et la voir advenir dans le monde. Cette suspicion aboutit, d'un côté, à une amnésie collective quant aux riches apports de l'Islam à l'histoire de l'humanité dans les domaines des savoirs scientifiques, des arts et de la culture. De l'autre, à une cécité envers tout un pan de la production intellectuelle contemporaine des penseurs musulmans. La pensée réformiste musulmane existe pourtant depuis le XIX^e^ siècle, certains chercheurs la faisant même remonter au XVII^e^ siècle[1]. Ce courant n'a malheureusement pas rencontré le même succès que le fondamentalisme, le soutien financier des monarchies pétrolières lui ayant fait défaut.

Cette méconnaissance du mouvement réformiste engendre un autre biais, la confusion systématique entre ce courant et d'autres mouvements politiques contemporains se réclamant de l'*islâh*. Ce dernier terme arabe, souvent traduit par « réforme », signifie « améliorer, corriger, réparer, corriger quelque chose pour retirer le vice qui s'est greffé et revenir à l'origine, restaurer », etc. Il est le contraire du mot *ifsâd*, « corruption » et est repris dans le nom de nombreux partis ou mouvements politiques. L'enseignant-chercheur Steven Duarte a consacré sa thèse de doctorat à « l'idée de réforme religieuse en Islam depuis les indépendances ». Il a défini une typologie permettant de lever cette ambiguïté et de bien comprendre les idées et idéaux défendus par les uns et les autres : il faut distinguer le réformisme des différents « revivalismes » qui lui sont bien souvent assimilés. Cet anglicisme issu de *revival*, emprunté aux études relatives aux protestantismes contemporains, décrit le positionnement de beaucoup de mouvements islamiques. Ils sont qualifiés hâtivement de « réformistes », en jouant sur l'ambiguïté de l'adjectif *muslih* utilisé par eux-mêmes. Le mot se réfère au retour aux *salaf sāliḥ*, c'est-à-dire au modèle des générations qui ont suivi celle du prophète Mohammed et que l'on peut traduire par « vertueux prédécesseurs[2] ».

Il est évident qu'on ne peut mettre dans la même catégorie des penseurs qui veulent réinterpréter les textes fondateurs de l'islam et de sa tradition, notamment en tenant compte de l'altérité et du multiculturalisme comme de données positives constitutives de notre humanité, et un mouvement qui veut faire revivre une certaine tradition du VIIe siècle, paradigme exclusif prenant pour principal ennemi cette même altérité. Les premiers voient en l'Autre une source d'enrichissement et d'inspiration, les seconds y voient un risque de corruption (*fasâd*) d'où la nécessité de revenir au modèle des « pieux prédécesseurs », en niant le caractère inédit des défis auxquels les musulmans sont confrontés à notre époque. Leur but est de faire revivre de façon mythifiée et fantasmée un âge d'or de l'Islam. C'est dans cette dernière optique que s'inscrivent notamment, malgré les nuances qui les séparent, aussi bien le wahhabisme saoudien et le salafisme, que les Frères musulmans (mouvement né en Égypte) ou encore le mouvement missionnaire et puritain Tabligh d'origine indo-pakistanaise. D'autres en revanche, tout en restant à l'intérieur du cadre de la tradition musulmane, ont conscience de la nécessité de dépasser le modèle des premières générations en intégrant les avancées de l'époque moderne et les acquis des sciences humaines et sociales à l'interprétation des textes fondateurs de l'islam.

Si nous avions une meilleure connaissance, en Europe et en Occident en général, de ce qui s'est passé au cours des deux derniers siècles dans les pays musulmans, notamment sur le plan intellectuel, nous éviterions probablement l'écueil d'une vision essentialiste de l'islam qui conduit à limiter l'islam contemporain à ces courants fondamentalistes et revivalistes, ce que nous voyons arriver trop souvent dans certains médias *mainstream* français. Il ne nous viendrait pas à l'esprit, concernant par exemple la religion chrétienne, de faire de tels amalgames et d'inscrire « le Ku Klux Klan dans un même courant d'idées que les prêtres ouvriers français ou que les artisans de Vatican II[3] », pour reprendre un exemple donné par Steven Duarte.

Au regard de l'importance de la question soulevée ici, il me semble absolument nécessaire de s'atteler en Occident à une meilleure connaissance des penseurs éclairés de l'islam – d'autant qu'un certain nombre d'entre eux ont enseigné dans les universités européennes ou américaines. Le professeur Nasr Abû Zayd (1943-2010), professeur à l'université du Caire puis professeur d'études islamiques à l'université de Leyde aux Pays-Bas, est connu pour l'affaire qui porte son nom et a défrayé la chronique au niveau mondial. Il a été divorcé de son épouse contre leur gré par des tribunaux égyptiens l'ayant jugé « apostat », notamment parce qu'il aurait considéré que les lois de la *dhimma* et de l'esclavage ne constituaient pas l'horizon indépassable du progrès humain, ou encore parce qu'il aurait remis en cause l'existence des djinns. De nombreux observateurs considèrent qu'il s'agissait d'un procès politique engagé par un professeur d'une université religieuse qui avait monté une « banque islamique » dans la banqueroute de laquelle de nombreuses personnes avaient perdu les économies de toute une vie et qu'Abû Zayd avait citée en exemple de la manipulation du discours religieux à des fins personnelles. Ce grand intellectuel a dû se résoudre à l'exil.

Dans ses travaux, il a poursuivi deux buts essentiels : reconnecter les études coraniques avec l'approche et la critique littéraires, et définir une compréhension objective de l'islam, c'est-à-dire dépourvue d'intérêts et de manipulations idéologiques[4]. Dans un article très intéressant, « L'Islam dans le contexte : l'Islam dynamique et les dogmes textuels[5] », Abû Zayd revient sur un moment charnière de l'évolution du mouvement réformiste musulman au XIXe siècle pour rendre compte de la récupération revivaliste des penseurs réformistes qui, à l'origine, prônaient la voie progressiste. Il explique que le monde musulman s'est trouvé confronté au « défi » ou au « piège » imposé par l'Europe politique et intellectuelle à travers la parole des hommes politiques et de certains orientalistes entre le début du XVIIe siècle et le début du XXe, qui consistait à affirmer que le retard scientifique et technologique du monde musulman était dû à l'islam, et que c'est grâce à cela que l'Europe a pu s'imposer militairement au Maghreb et en Orient. Face à ce défi dont ils ont accepté le postulat de départ, les intellectuels des mondes musulmans ont réagi de trois manières : politiquement, en appelant à imiter purement et simplement l'Occident ; religieusement, en prônant une revivification de la tradition sous une forme moderne ; enfin, en poussant à la modernisation dans le seul domaine technologique, sans adopter en même temps ni la méthode de pensée scientifique ni l'esprit critique.

Une autre voie s'est cependant rapidement fait jour, qui affirmait que ce n'était pas l'islam en soi qui était responsable de ce retard, mais la méconnaissance de celui-ci par les musulmans eux-mêmes ; en vérité, l'islam serait « vraiment une religion de modernité, une religion de culture ». C'est ainsi que Muhammad Abduh (1849-1905), le père de la pensée islamique moderne, avait pour coutume de dire : « Il y a eu méconnaissance de la religion : retournons aux sources et tentons de la comprendre à nouveau », ce qui signifiait pour lui faire retour à la question de l'interprétation, notamment pour répondre aux questions inédites auxquelles étaient confrontés les musulmans qui ne vivaient plus nécessairement sous un régime et dans une société islamiques mais comme des minorités dans la société coloniale anglaise en Afrique du Sud ou encore dans le sous-continent indien. Dans le même temps, les relations entre les mondes musulman et européen se sont encore tendues avec le démantèlement, au sortir de la Première Guerre mondiale, de l'Empire ottoman, la mise en place des protectorats au Moyen-Orient, et l'abolition de l'institution califale par le mouvement kémaliste. Le monde musulman a alors l'impression de se retrouver orphelin. Un juge égyptien de premier plan, 'Ali 'Abd al-Raziq, formé tant à Oxford qu'à al-Azhar où il enseigna, eut beau expliquer dans son livre *L'Islam et les principes de l'autorité politique* que le califat n'avait aucun fondement dans le Coran pas plus que dans la tradition ou le « consensus des juristes[6] », et qu'en réalité l'islam ne prônait aucune forme spécifique de gouvernement, il se heurta à des réactions violentes.

De son côté, Muhammad Rashid Rida, un des disciples de Muhammad Abduh et coauteur de son commentaire du Coran *Tafsîr al-Manâr*, se démarqua de son maître en considérant que la « réforme » de l'islam devait consister, non en des interprétations nouvelles et en une réhabilitation du courant de pensée rationnel en Islam, mais en un retour à l'islam « pur et originel » représenté, selon lui, par l'école juridique la plus stricte, celle d'Ahmad Ibn Hanbal (780-855) et de ses continuateurs Ibn Taymiyya (1263-1328) et Ibn Qayyim al-Jawziyya (1292-1350). Il voyait la corruption de quasiment tous les régimes politiques islamiques après l'âge d'or des « quatre califes bien guidés », les successeurs immédiats de Muhammad, comme la cause du retard du monde islamique et, de ce fait, soutint les Britanniques (qui avaient promis aux Arabes un grand royaume) contre les Ottomans ; mais après l'abolition du califat, il affirma que celui-ci était une obligation religieuse absolue, que son absence amènerait au paganisme, et qu'il fallait que la société musulmane œuvre à son rétablissement. En cela, il fut l'inspirateur de Hassan al-Banna, le fondateur du mouvement des Frères musulmans[7]. L'idéologie « fériste » peut en effet se résumer ainsi : il faut revivifier la société islamique en faisant retour à une pratique et à une pensée les plus proches possible de l'islam « pur » tout en utilisant les outils de la modernité technologique ; cette réforme islamique de la société doit aboutir à la conquête graduelle des échelons du pouvoir afin de transformer les gouvernements laïques en un nouveau califat.

Rashid Rida crut en outre reconnaître dans la monarchie saoudienne les prémices d'un tel État islamique idéal. Le régime saoudien est en effet fondé sur l'alliance quasi mystique d'un pouvoir clanique, celui de la famille Saoud, et d'une idéologie puritaine hanbalite[8] poussée à l'extrême, celle du prédicateur Muhammad Ibn 'Abd al-Wahhab (1703-1792), qui rêvait d'instaurer un État théocratique dont il serait le conseiller juridique. L'État saoudien connut deux itérations entre le milieu du XVIII^e^ et la fin du XIX^e^ siècle avant d'être anéanti par les Ottomans. Cette domination wahhabite fut très mal vécue par les Arabes eux-mêmes, en particulier ceux des villes saintes de Médine et La Mecque dont elle détruisit mausolées et cimetières accusés d'encourager l'« idolâtrie ». Ce sont les Anglais qui, au sortir de la Première Guerre mondiale, les instituèrent comme « rois d'Arabie ».

On peut donc dire que Rashid Rida, en identifiant le « véritable islam » d'Abduh aux formes les plus strictes et puritaines d'un soi-disant islam des origines, est le fondateur du « revivalisme » salafiste dans ses diverses expressions. Celui-ci n'a cependant à peu près rien à voir avec le réformisme moderniste de son maître Abduh. On a souvent qualifié son approche de « fondamentaliste », mais ses principes ne trouvent cependant pas leurs fondements réels dans les sources premières de l'islam que sont le Coran et la Sunna (tradition prophétique), mais dans des élaborations historiquement et idéologiquement bien délimitées et assez restreintes : Ibn Hanbal, Ibn Taymiyya, Ibn Qayyim al-Jawziyya et Ibn 'Abd al-Wahhab, à l'exclusion de toutes les autres figures de la civilisation musulmane ou presque[9].

Face à ces « revivalistes » salafistes, les penseurs réformistes libéraux sont nombreux mais, à mon grand regret, très mal connus. Faire un travail de recensement complet et étudier leur pensée est pourtant un travail nécessaire pour faire évoluer notre connaissance de l'islam à plusieurs niveaux, mais demande un effort considérable, notamment en termes de recherche universitaire. Je me contenterai ici d'en citer quelques-uns. L'Indien Mohammad Iqbal (1877-1938) défendait ainsi la nécessité d'une relecture perpétuelle du Coran pour faire évoluer les règles religieuses en réponse au nouveau contexte dans lequel vivent les musulmans. La nouveauté était pour lui non pas un facteur de dégradation de la religion mais le gage de sa vitalité et de la poursuite de l'œuvre entreprise par le Prophète. En se réformant, l'islam retrouverait sa vivacité et épouserait les transformations du monde contemporain. On peut encore citer le Tunisien Taher Haddad (1899-1935), connu pour avoir milité pour l'évolution de la société tunisienne et lutté activement en faveur des droits syndicaux des travailleurs tunisiens, de l'émancipation de la femme, de l'abandon du port du voile, de l'abolition de la polygamie et pour une stricte égalité des femmes et des hommes sur l'héritage, le témoignage, le divorce, etc. ; ou encore, dans la même veine libérale, le penseur égyptien Muhammad Ahmad Khalfallah

(1916-1991), l'Algérien Malek Bennabi (1905-1973) et bien d'autres.

Parmi eux, on ne peut pas ne pas mentionner le professeur Mohammed Arkoun, avec qui j'entretiens un lien particulier, puisqu'il était kabyle comme mon père et avait le même âge que mon grand-père. Beaucoup d'universitaires voient en ce penseur d'envergure internationale le père de l'islamologie appliquée ; pourtant, il reste méconnu du grand public, aussi bien en Algérie qu'en France où il a vécu plus de cinquante ans. Il est né et a grandi en Grande Kabylie où il a fait sa scolarité avant de partir pour Oran où il a poursuivi des études secondaires chez les Pères blancs. Il a étudié la philosophie à la faculté des lettres à l'université d'Alger, puis à la Sorbonne à Paris où il a été agrégé de langue et de littérature arabes, puis docteur en philosophie et professeur d'histoire de la pensée islamique. Son expérience personnelle est pour une grande partie à l'origine de sa pensée. Il écrit ainsi dans son dernier livre :

> Ma propre ambition, en tant qu'intellectuel musulman, n'est pas le résultat de ma formation académique ; elle s'enracine plutôt dans mon expérience existentielle. Je suis entré au lycée à Oran, puis à l'université à Alger. C'était l'époque coloniale en Algérie et, comme tous les Algériens j'étais en permanence heurté par la confrontation âpre, dure, entre la culture et la langue françaises conquérantes, et ma propre culture algérienne (je parle le berbère et l'arabe). Quand j'entendais les cours sur l'islam à l'université d'Alger, j'étais, comme les autres, profondément déçu de la pauvreté intellectuelle de la présentation, en particulier quand des questions brûlantes furent soulevées dans la société algérienne entre 1950 et 1954. Le mouvement

> national de libération s'opposait à la prétention coloniale à représenter la civilisation moderne, en insistant sur la personnalité arabo-musulmane de l'Algérie. Conséquence de cette confrontation brutale, je décidai d'une part de comprendre ce qu'était la personnalité arabo-musulmane que proclamait le mouvement nationaliste, d'autre part de déterminer dans quelle mesure la civilisation moderne représentée par la puissance coloniale devait être considérée comme une civilisation universelle[10].

Cette insatisfaction qui remonte à l'enfance ajoutée à l'expérience d'incarner l'altérité – l'Algérien par rapport aux Européens, le Kabyle relativement à la présence arabe – ont été autant de ressorts qui l'ont poussé à devenir savant. Je me reconnais dans l'expérience de notre grand professeur à plusieurs titres. En ce qui concerne l'altérité, je connais, en plus des siennes, celle d'être femme au regard d'une domination masculine très forte dans les sociétés patriarcales. Mais je partage aussi sa frustration de ne pas trouver dans les discours dominants de réponse à mes interrogations existentielles, nées des confrontations culturelles et religieuses de mes origines maternelles et paternelles, françaises et algériennes, juives, chrétiennes et musulmanes, politiques et géopolitiques entre les pays développés et les pays sous-développés, les pays du Nord et ceux du Sud, l'Occident et ce qu'on assimile à l'Orient ; sans oublier les relations qui demeurent passionnelles entre mes deux pays, l'Algérie et la France.

Comme Mohammed Arkoun, ma trajectoire est celle d'une minoritaire : minoritaire lorsque je vivais en Algérie, en tant que Kabyle. La langue et la culture berbères sont en effet considérées comme « minoritaires », alors même que ce sont celles des autochtones et que, jusqu'au

XIX^e siècle, la langue berbère était très largement parlée dans toute l'Afrique du Nord. Ma langue maternelle est donc le kabyle ou berbère, et j'ai dû apprendre le français et l'arabe. Celui-ci était pour moi une langue apprise à l'école, ma première langue étrangère. Ce n'est ni ma langue maternelle ni ma langue paternelle. Je me rappelle lorsque j'étais enfant, quand j'allais passer mes vacances avec mes cousins à Alger, je me sentais soudainement étrangère dans le pays de mon père, je ne pouvais pas jouer avec les petites filles de mon âge car je ne comprenais pas leur langue. L'arabe que j'ai appris à l'école et jusqu'à l'obtention de ma maîtrise de droit à l'école est l'arabe littéraire ; mon arabe dialectal reste médiocre.

Enfant, dans la Kabylie de mon père, on parlait et on parle toujours partout la langue berbère – à la maison, dans la rue, à la cour de récréation – mais dès qu'on franchissait le seuil de la salle de classe, il fallait oublier cette langue et cette identité. On nous enseignait l'idée du Maghreb arabe uni, autant dire une entité fantôme pour nous, et fantasmée pour les gouvernements successifs acquis à l'idée du panarabisme, mouvement de « renaissance » arabe, la *Nahda*, qui s'est développé au XIX^e siècle. Avec un tel héritage, il faut sans cesse s'adapter, être souple. Une faculté bien utile qu'on acquiert sans même s'en rendre compte, pour pouvoir vivre à l'intérieur de son propre pays mais aussi à peu près partout ailleurs dans le monde : c'est le destin des minoritaires, ils doivent s'adapter à la culture dominante. Malgré ou grâce à son inconfort, cette posture nous conduit à réfléchir sur ce que nous sommes, ce qui est constitutif de notre personnalité, de notre être, où l'héritage et l'acquis se mélangent, ce qui nous amène au bout du compte à nous demander jusqu'à quel point nous choisissons ce que nous sommes.

La dimension religieuse dans ce processus est bien évidemment un élément fondamental, car même si la Kabylie n'est pas arabisée, elle est dans sa grande majorité musulmane. Je suis fascinée par ces peuples qui arrivent encore à transmettre de très vieilles langues et cultures et à continuer à les faire vivre. La langue berbère est l'une des plus vieilles du monde et aujourd'hui des milliers de gens l'utilisent toujours malgré son caractère essentiellement oral et malgré l'adoption de la langue arabe comme langue d'instruction, de liturgie et d'accès au savoir religieux musulman. Ma condition de minoritaire dans un pays musulman non laïc, ainsi que ma condition de femme, une autre minorité sociale, ont été pour moi autant de ressorts pour réfléchir au caractère social évolutif de la religion, comprendre qu'adopter l'islam comme foi et voie spirituelle pour cheminer dans sa propre existence n'empêche en aucun cas une identité plus complexe dépassant la seule dimension religieuse.

Cette configuration, enrichie en outre de la diversité culturelle du côté de ma famille maternelle, ne m'a pas laissé d'autre choix que de réfléchir sur moi, à qui je suis. Ce nécessaire travail d'introspection pour me connaître et connaître mon identité, distinguer ce qui relève des domaines sociologique, culturel, anthropologique, psychologique, linguistique, m'a amenée à prendre conscience de ce qui est vraiment sacré. Ce cheminement intellectuel permet à mon sens de ne pas tomber dans la confusion de la revendication religieuse-identitaire, ni dans l'essentialisation de cette identité autour d'une seule dimension, une seule facette, qui serait l'appartenance religieuse.

Amin Maalouf traite magistralement la notion d'identité composite dans son essai, *Les Identités meurtrières* :

> Lorsqu'on me demande ce que je suis au fin fond de moi-même, cela suppose qu'il y a, au fin fond de chacun, une seule appartenance qui compte, sa vérité profonde en quelque sorte, son essence, déterminée une fois pour toutes à la naissance et qui ne changera plus ; comme si le reste, tout le reste – sa trajectoire d'homme libre, ses convictions acquises, ses préférences, sa sensibilité propre, ses affinités, sa vie, en somme –, ne comptait pour rien. Et lorsqu'on incite nos contemporains à affirmer leur identité comme on le fait si souvent aujourd'hui, ce qu'on leur dit par là c'est qu'ils doivent retrouver au fond d'eux-mêmes cette prétendue appartenance fondamentale, qui est souvent religieuse ou nationale ou raciale ou ethnique, et la brandir à la face des autres. Quiconque revendique une identité complexe se retrouve marginalisé[11].

Conscient de la diversité de l'islam vécu en Algérie, Mohammed Arkoun n'approuvait pas le discours de l'Association des oulémas musulmans algériens qui opposait un islam prétendument orthodoxe à l'islam populaire qui s'est construit avec l'identité profonde des gens. Il s'est intéressé dans sa thèse à la pensée humaniste arabe du xe siècle et s'est positionné comme un penseur totalement libre qui vient poser un regard critique sur les institutions et les personnes qui se donnent pour mission la gestion du sacré et des consciences, les oulémas comme les militants piétistes ou islamistes. Mohammed Arkoun cherche à renouer avec la tradition des penseurs libres en Islam. « En ce qui me concerne, a-t-il déclaré dans un entretien à *L'Humanité*, je récuse toute manipulation des textes religieux à des fins idéologiques. Tout ce qui appartient à l'islam a été étatisé par des États qui n'autorisent pas le débat. Moi, je me situe d'un point de vue interne à l'islam : j'ai la préoccupation de restaurer notre compréhension du phénomène religieux comme un phénomène universel. J'entends restaurer cette vérité historique selon laquelle les religions ont inspiré, orienté et enrichi l'activité culturelle, quelle que soit la tradition à laquelle on se réfère. » Le professeur insiste sur l'importance de voir la religion comme un espace socio-historique dont la connaissance doit passer par les sciences humaines et sociales – histoire, sociologie et anthropologie – et s'efforce ainsi de développer un nouveau cadre épistémologique dont l'objectif et le rôle sont d'enrichir les apports théologiques et philosophiques[12].

Enfin, Mohammed Arkoun est pour nous assurément une source d'inspiration essentielle et fondamentale quant à la conception de l'islamologie appliquée. Il est le premier à avoir souligné que l'islamologie classique, malgré ses apports et son rôle dans la réactivation de la pensée islamique, reste insuffisante car elle se comporte comme un « guide impassible d'un musée où l'islam est étudié (même avec rigueur) exclusivement à travers les écrits de ses docteurs ». Elle avantage selon lui « l'implacable solidarité entre l'État, l'écriture, la culture savante et la religion officielle. Ainsi, elle plane autour d'une historiographie insuffisante et d'une ethnographie marquée par l'aventure coloniale[13] ».

On objectera peut-être que Mohammed Arkoun n'était pas un « responsable religieux », mais un universitaire. À cela, on répondra que cette dichotomie n'a pas forcément grand sens. Si Abduh était investi d'une autorité juridique en Islam, son disciple Rashid Rida était un intellectuel qui n'exerçait aucune fonction dans les institutions islamiques traditionnelles envers lesquelles il était très critique. Hassan al-Banna, lui non plus, n'était ni mufti ni cheikh à l'université d'al-Azhar. Ibn 'Abd al-Wahhab était avant tout un prédicateur itinérant… Aujourd'hui encore, les études sociologiques ont montré que les idéologues salafistes ne se recrutent pas au sein des institutions islamiques traditionnelles. À l'inverse, certaines grandes figures de la réforme libérale, Abduh mais aussi Nasr Abû Zayd, étaient des cadres d'al-Azhar ; Taher Haddad avait pour sa part étudié près de dix ans les sciences islamiques à la Zitouna. Bien que diamétralement opposées sur bien des plans, la réforme salafiste et la réforme libérale se caractérisent toutes deux par le rôle qu'y jouent, ou y ont joué, des intellectuels indépendants. La réforme libérale se distingue cependant radicalement par la valeur cardinale qu'elle attribue aux sciences humaines et sociales, ce qui explique pourquoi les universitaires en sont souvent les représentants les plus connus.

# 7

# Renouer avec la libre pensée philosophique et mystique

Après la Révélation coranique, plusieurs disciplines de savoir religieux ont progressivement émergé aux IIe et IIIe siècles de l'hégire. Sans entrer dans la complexité des divisions et subdivisions, chaque groupe religieux ayant produit sa propre classification en fonction de sa sensibilité, j'essayerai de m'appuyer globalement sur la subdivision adoptée en sciences humaines. Il s'agit ici pour moi de présenter une rétrospective historique mettant en lumière des périodes où la pensée musulmane s'est caractérisée par une audace intellectuelle, une créativité philosophique et un dynamisme exceptionnels. Or ceux-ci sont reproductibles à toute époque et en particulier à la nôtre, où l'islam vit une vraie crise de la pensée, sclérosée par des mécanismes obsolètes, inadaptés aux défis de la modernité et de l'époque contemporaine. Sans tomber dans la généralisation, si la tradition et le courant réformistes en Islam existent depuis des siècles, dans les faits, la prédominance de la pensée wahhabite et hanbalite a indéniablement contribué à la stagnation de la dynamique intellectuelle. Ce phénomène de stagnation, et même de régression intellectuelle, n'est pas non plus nouveau : il trouve ses racines à une époque lointaine et est l'élément constitutif et structurant d'un courant théologique et juridique au sein de l'islam, à savoir l'école hanbalite. Or c'est cette tendance « hanbalisante » qui constitue aujourd'hui le fondement des divers courants intégristes, qu'ils soient wahhabites, salafistes ou fréristes.

Aux premiers siècles de l'islam, diverses sciences religieuses ont vu le jour. Durant les premières années qui ont suivi la disparition du Prophète, il a d'abord fallu procéder à la collecte, à la compilation et à la canonisation du texte coranique. Plus d'un siècle plus tard, les « traditionnistes » (*muhadithûn*), c'est-à-dire ceux qui s'attellent à collecter, transmettre, expliquer et classer les traditions prophétiques (*hadîths*) ainsi que celles des Compagnons et des savants des premières générations, passent au premier plan, devenant la référence fondamentale et centrale de la pensée musulmane. Les premiers siècles ayant connu une abondante production de fausses traditions de la part de divers groupes politico-religieux cherchant à asseoir leur légitimité, on vit naître à partir de la seconde moitié du VIII^e^ siècle une nouvelle discipline, la critique du *hadîth*. Quant au *fiqh*, c'est-à-dire la jurisprudence, le terme signifie littéralement « le savoir, l'intelligence, la compréhension » et englobait au départ tous les savoirs. Un savant ou *faqîh* ne pouvait méconnaître la Tradition et le Coran, qui sont les sources du droit. Il était souvent formé aux diverses sciences coraniques comme la psalmodie, les variantes textuelles, l'exégèse, les circonstances supposées de la révélation des versets coraniques, ainsi que la science de l'abrogé et de l'abrogeant pour résoudre les cas de prescriptions contradictoires du texte coranique.

Dans ce cadre, les divers savoirs religieux étaient animés d'un fort dynamisme. La science nouvelle de l'« abrogation », en particulier, octroyait aux savants de cette époque une immense liberté, leur permettant de décider que tel ou tel verset coranique n'avait pas de valeur juridique parce qu'il avait été abrogé par tel autre verset, voire par une tradition prophétique. Cette liberté a par la suite été bridée quand certains courants orthodoxes, en particulier le hanbalisme, ont institué une sacro-sainte obligation de ne se référer *ad vitam aeternam* qu'aux seuls savants des premiers siècles, au motif que ces derniers auraient été les seuls à connaître la pensée religieuse comme une réalité vivante et qu'ils auraient ainsi été en mesure de produire toute la pensée possible, pour et à la place des générations ultérieures.

Cette liberté de pensée ne s'est pas limitée au domaine juridique. Les dissensions politico-religieuses nées de la disparition du prophète Muhammad et du problème de sa succession ont été l'occasion de désaccords théologiques et d'antagonismes philosophiques inouïs. Le *kalâm* ou théologie dialectique recourt ainsi à la logique et à l'argumentation ainsi qu'à des éléments de philosophie pour construire un discours sur Dieu, Sa nature, Ses attributs, mais aussi les fins dernières, la prophétie et la doctrine politique. Cette forme de théologie fut cependant rejetée par certains – les hanbalites, toujours – qui y voyaient une innovation blâmable. Pour eux, il fallait se conformer à la littéralité des déclarations coraniques et des traditions prophétiques, et s'abstenir de toute réflexion ou effort intellectuel, comme l'auraient prétendument fait les premières générations de musulmans[1].

L'un des premiers représentants de cette pensée critique en théologie musulmane s'appelle Ma'bad al-Juhânî (m. 699). Il vécut à l'époque du califat omeyyade, qui prétendait fonder sa légitimité politique très contestable (les Omeyyades, puissant clan de la tribu des Quraychites, descendants des anciens ennemis du Prophète, se sont imposés en faisant la guerre au dernier calife « bien guidé », 'Alî, le gendre de Muhammad), en arguant que, s'ils détenaient le pouvoir, c'est que Dieu l'avait voulu : tout pouvoir politique, si illégitime et tyrannique soit-il, serait donc de droit divin et toute contestation contre le calife est une révolte contre Dieu. Contre cette conception théologico-politique, il se fait le défenseur du libre arbitre de l'être humain ou *qadar*, seule manière de rendre l'homme responsable de ses actions : autrement, les punitions divines n'auraient aucun sens et Dieu serait responsable de tout le mal du monde. Son approche est cependant minoritaire en regard des tenants de la prédestination absolue ou *jabrites* (laquelle a, on l'aura compris, les faveurs du pouvoir) et un grand nombre des partisans du libre arbitre, ou qadarites, sont exécutés comme « hérétiques ». Certains d'entre eux persévèrent pourtant et, sous l'impulsion de deux théologiens, Wâsil ibn 'Atâ (m. 748) et 'Amr ibn 'Ubayd (m. 762), se constituent en un groupe distinct, les mu'tazilites (littéralement « ceux qui se sont séparés »). Le mu'tazilisme insère la doctrine du libre arbitre dans un projet théorique plus vaste et plus ambitieux qui finit par englober la théologie, la cosmologie, la physique, la psychologie, l'éthique et la politique, tout en défendant la raison et la liberté humaines[2].

La fin de l'ère omeyyade constitue également une période d'effervescence intellectuelle dans laquelle émerge entre autres la figure du théologien et juriste Abû Hanîfa (m. 767). Sa pensée se démarque de la rigidité littéraliste prédominante par l'introduction de la conviction intime du juriste qu'on appelle aussi « jugement préférentiel » (*istihsan*) comme source de droit en complément du Coran, de la tradition prophétique et le raisonnement par analogie qu'il a ainsi élargi. En encourageant la prise en compte par le juge des circonstances de chaque cas, il confère à ce dernier une grande liberté juridique et lui vaut d'être reconnu comme étant le premier à avoir « défini un ordre légal sur la base d'une interprétation des sources qui fait appel au jugement humain (*al-râ'y*) non pour se substituer à la révélation, mais pour faire un emploi plus complet des sources révélées. Sa méthode n'est pas seulement exégétique, mais spéculative[3] ». La fondation de la dynastie abbasside en 750 marque quant à elle un vrai tournant dans l'histoire de la pensée musulmane. La nouvelle capitale, Bagdad, située plus à l'est que la capitale omeyyade, Damas, rapproche le centre du pouvoir et de la culture du monde persan, mais aussi de la philosophie et de la culture hellénistiques dont les chrétiens de langue syriaque, très présents dans le nord de la Mésopotamie, sont les vecteurs. Comme l'écrit le philosophe Vincent Citot, « de toutes parts, l'Islam s'ouvre à l'altérité et accueille avec curiosité, et bientôt avidité, tous les savoirs étrangers – la grande vague des traductions commence sous Al-Mansûr (calife de 754 à 775). Ce libéralisme intellectuel est à l'origine de la formidable floraison de la pensée au cours du premier siècle abbasside[4] ».

Cette pensée libre connaît l'apogée de son épanouissement au moment où l'Empire atteint lui aussi le sommet de sa puissance entre 786 et 848, c'est-à-dire du califat de Harûn al-Rachîd jusqu'à celui d'al-Mutawakkil. C'est l'époque des souverains éclairés, des mécènes, des savants, des bâtisseurs d'observatoires astronomiques, des promoteurs de traduction des textes étrangers. Le calife al-Ma'mûn (813-833) met ainsi en place une vaste politique de traduction dans la Maison de la Sagesse à Bagdad, et adopte officiellement la doctrine mu'tazilite comme doctrine d'État. Malheureusement, il accompagne ce patronage d'une politique répressive appelée la Mihna, ou plus exactement *mihnat khalq al-Qur'ân*, « l'épreuve du Coran créé » : il persécute et fait emprisonner et torturer tous les savants qui refusent de se rallier publiquement à la thèse mu'tazilite d'un Coran créé et non éternel.

Parmi ces savants persécutés par le pouvoir « éclairé » figure Ahmad ibn Hanbal (780-855). Ce dernier n'est pas un théologien, ni même un juriste. C'est un traditionniste, un spécialiste du *hadîth*, qui refuse la raison humaine comme source de droit et entend s'en tenir au Coran et à la Tradition. Il réaffirme la position littéraliste et refuse de prendre parti dans une querelle théologique comme celle de la nature créée ou incréée du Coran. La persécution qu'il subit accroît sa popularité en faisant de lui le défenseur d'une vision religieuse plus proche de celle des gens simples, peu au fait des débats philosophiques de l'élite intellectuelle. Cette Mihna va finalement sonner le glas de la théologie rationnelle : progressivement, les rapports de forces politiques s'inversent : le calife al-Mutawakkil adopte, par stratégie politique semble-t-il, la thèse du Coran incréé et les religieux dits « orthodoxes » parviennent à s'imposer dans l'opinion. Al-Mutawakkil réprime à son tour toute position dissidente et impose ce qui est aujourd'hui considéré comme la position orthodoxe sunnite sur ces questions : Coran incréé, prédestination, légitimité du pouvoir politique quel qu'il soit puisque voulu par Dieu, méfiance envers l'approche rationnelle, etc. Le mu'tazilisme, malgré son rôle central dans la structuration de la pensée philosophique et théologique, est « discrédité et le sentiment populaire, suscité ou du moins entretenu par des savants plus littéralistes, s'attache à une pensée religieuse moins intellectuelle contenue dans le *hadîth* ou déduite de lui[5] ».

Malgré ce contexte défavorable, la théologie spéculative reste très féconde, y compris le mu'tazilisme encore vivace dans les cercles intellectuels. C'est dans ce contexte qu'émerge une autre figure majeure de la théologie musulmane, Al-Ash'ari (m. 936). Au départ mu'tazilite, il met par la suite la théologie dialectique au service de l'orthodoxie sunnite et son école théologique, l'ash'arisme, est aujourd'hui la théologie officielle du sunnisme. Sa théologie, « qui exerça une grande influence, fut conçue comme une sorte de théologie apologétique de médiation, intermédiaire entre deux extrêmes. D'une part, Ash'arî professait le credo sunnite traditionaliste d'Ibn Hanbal, mais d'autre part, contrairement au courant hanbalite, il ne renonça pas à l'usage de la théologie dialectique[6] ». À côté de cette théologie officielle, on voit encore fleurir pour plusieurs siècles des œuvres philosophiques de premier plan, qu'elles s'inscrivent dans la lignée de Platon et d'Aristote avec Al-Kindî (m. 873), Abû Bakr Al-Râzî (m. 925), Al-Farâbî (m. 950), Avicenne (m. 1037) et Averroès (m. 1198), ou qu'elles manifestent une forte sensibilité mystique comme le soufisme d'Al-Bistâmî (m. 874), Al-Junayd (m. 910), Hallâj ( m. 922) et autres grands maîtres. Ces diverses écoles continueront aux siècles suivant d'irriguer la culture islamique, aussi bien chez les élites intellectuelles que, pour le soufisme du moins, dans la piété populaire, mais elles seront en général présentées par le pouvoir politique et juridique comme en marge de l'orthodoxie ; ladite orthodoxie étant en retour réduite à une pensée repliée sur elle-même, atrophiée, ayant pour unique horizon un paradigme religieux idéalisé et fantasmé produit par un imaginaire cantonné à l'idée de « pieux prédécesseurs » (*salaf sâlih*) d'un VII^e^ siècle inégalable et indépassable où – prétendent-ils – on ne réfléchissait pas…

Ce bref retour sur quelques épisodes de l'histoire de la pensée musulmane permet de comprendre certains mécanismes encore à l'œuvre aujourd'hui dans le bridage de la raison en Islam, alors que cette raison est pourtant constitutive de la nature humaine. Chaque fois que la religion a été instrumentalisée par le pouvoir politique, cela a abouti à des conséquences dramatiques sur le plan humain et au dévoiement du message spirituel sur le plan religieux ; et al-Mutawakkil n'aurait jamais pu imposer l'orthodoxie sunnite si al-Ma'mun n'avait pas précédemment persécuté tous ceux qui ne se rangeaient pas officiellement au mu'tazilisme. Aujourd'hui, plus que jamais, il est urgent pour l'islam de faire tomber les clôtures dogmatiques qui constituent une entrave au renouvellement de la pensée, à son mouvement et à son dynamisme, afin de favoriser un processus vivifiant. Nous devons, nous musulmans, débrider nos facultés mentales et spirituelles dont Dieu nous a dotés en tant qu'êtres humains.

Renouer avec l'usage de la raison et la libre pensée ne constitue pas une innovation en Islam : c'est au contraire pratiquer les recommandations du Saint Coran. Dans plusieurs versets celui-ci nous invite à réfléchir, à méditer le sens des textes, à faire preuve d'intelligence, de bon sens et de sagesse. Bien avant qu'il ne fasse descendre une quelconque parole sacrée, Il a fait de nous Ses « lieutenants » sur terre et a mis en nous les facultés de discernement nécessaires pour nous rendre capables de gérer le monde et nous-mêmes : « Au moyen des évidences et des recueils d'inscriptions symboliques (*zubur*), jusqu'à toi, Nous avons fait descendre le Rappel pour que tu exposes clairement aux humains ce qu'on a fait descendre sur eux. Puissent-ils méditer » (Coran 16 : 44) ; « Ne méditent-ils pas le Coran ? Ou bien, y a-t-il des cadenas sur leurs cœurs ? » (Coran 47 : 24).

Le courant libéral ne pourra se construire qu'en dehors du paradigme hégémonique[7] qui s'est imposé à un moment précis du Moyen Âge pour prendre en considération notre propre époque postmoderne. Il s'agit de lui substituer un autre paradigme, un « paradigme d'harmonie », avec pour objectif de pratiquer l'islam selon une double harmonie : harmonie avec le sens de la révélation coranique et du message muhammadien, mais aussi harmonie avec l'esprit de notre époque (*ruh al-zaman*). De ce point de vue, il n'y a pas d'opposition entre l'esprit du message islamique et la volonté de vivre ensemble, en toute justice et émancipation, sans rapport de domination entre les genres, les ethnies ou les religions.

Fonder le courant libéral n'a pas pour objectif de faire table rase de la tradition et de la production intellectuelle musulmane jusque-là. Il me semble au contraire nécessaire, pour redynamiser la pensée musulmane et envisager la poursuite de la construction de l'édifice, d'avoir une connaissance éclairée des fondements, c'est-à-dire de la tradition islamique dans son intégralité, aussi bien dans sa diversité juridique – les écoles encore en vigueur et celles qui ont cessé d'être actives, mais aussi les avis minoritaires dans chacune –, qu'intellectuelle – la falsafa ou philosophie dans la ligne de Platon et d'Aristote, le soufisme, le kalam ou théologie rationnelle – dans toute leur diversité. Dans les pays musulmans, où la pratique religieuse se conforme à l'« orthodoxie » de l'ash'arisme et des quatre écoles juridiques principales, cette diversité de la pensée religieuse, tant théologique que juridique, est largement méconnue. Les musulmans, notamment dans les pays musulmans, devraient sortir des limites doctrinaires imposées par les pouvoirs politiques et aller librement vers une large connaissance religieuse et scientifique et une recherche spirituelle plus étendue.

Sur le plan méthodologique, une approche scientifique de cette Tradition, mettant au jour les conditions socio-historiques, anthropologiques et ethnologiques de sa production, est tout aussi fondamentale. Il est nécessaire de faire se rencontrer la recherche scientifique et l'expérience de terrain, qu'intellectuels, théologiens et imams réfléchissent ensemble aux questions qui se posent à la pensée musulmane contemporaine.

Sur la question des rites, une éthique religieuse actuelle doit nécessairement prendre en compte la raison, l'éthique et la liberté de conscience individuelle pour mieux réhabiliter l'éthique de responsabilité chez le musulman. Le mouvement de l'islam libéral insiste sur l'importance des rites marquant la vie du musulman tout en laissant au croyant la latitude nécessaire dans les modalités concrètes du rituel comme expression de sa foi, de son lien direct avec Dieu. C'est là le vrai sens de l'individu qui exerce sa liberté et sa responsabilité.

Nous devons proposer une réforme de la pensée dans les différents domaines de la théologie, de la jurisprudence (*fiqh*), de la philosophie, et remettre la spiritualité et la mystique au cœur de notre vécu religieux. La production intellectuelle jurisprudentielle de l'islam que l'on met en pratique encore de nos jours est une pensée médiévale et a montré son insuffisance à répondre aux besoins et aux questions contemporaines. Le droit musulman classique considère qu'une femme esclave n'a pas la même intimité (*'awrah*) qu'une femme libre et qu'elle peut donc faire la prière à moitié nue[8] : peut-on sérieusement défendre un tel point de vue aujourd'hui ? Et les sujets du même genre sont légion, hérités d'une jurisprudence qui ne peut plus faire sens de nos jours : esclavage, inégalité entre hommes et femmes en matière d'héritage, de témoignage et d'autonomie citoyenne… Face à cela, des réformes apparaissent absolument nécessaires : abolition de l'esclavage partout dans le monde, y compris dans les pays du monde musulman qui continuent à le pratiquer, mise en œuvre de législations égalitaristes entre les genres, égalité d'héritage, de témoignage et de droit au divorce pour les femmes et les hommes, abolition de la tutelle sur la femme, abolition de l'obligation de porter le voile, autorisation du mariage des musulmanes avec les non-musulmans de la même manière que les musulmans peuvent épouser des non-musulmanes. Nous devrions appliquer une égalité parfaite entre hommes et femmes dans tous les aspects de la vie et sur tous les plans. De même, nous gagnerions à abolir, au nom de leur égalité ontologique, toute forme de discrimination ou de séparation des hommes et des femmes lors des offices religieux et dans la vie profane. Les femmes, il faut le réaffirmer avec force, peuvent occuper le poste d'imame avec les mêmes prérogatives qu'un homme ; elles peuvent officier à la prière du vendredi et monter en chaire pour le prêche (*khotba*). Toutes ces mesures peuvent paraître « progressistes », et elles le sont ; elles n'en sont pas moins tout à fait conformes à l'esprit égalitaire et de justice sociale de la révélation coranique.

Concernant le statut du texte coranique justement,

nous devons intégrer les apports des sciences humaines sur cette question dans l'enseignement religieux et sortir du dogme du Coran incréé, qui empêche toute possibilité d'analyse historico-critique. Cela nous permettra de ramener les versets porteurs d'une connotation violente à leur contexte historique et, par là, à leur juste valeur afin de leur refuser toute portée prescriptive de nos jours. Nous avons la responsabilité de rouvrir les portes de l'effort intellectuel pour élaborer une lecture dynamique que l'on substituera aux lectures conservatrices et rétrogrades. Dieu n'a pas parlé une fois pour toutes à une génération morte avant de Se taire à jamais, Il continue de nous parler et Il le fera jusqu'à la fin des temps ; à nous de réactualiser notre regard et notre compréhension des textes sacrés. La Révélation est toujours en marche à chaque époque, chaque génération doit faire parler le texte et dialoguer avec lui en fonction de son propre contexte intellectuel et social.

Plusieurs penseurs réformistes se sont déjà attelés à ce travail d'étude critique des méthodes herméneutiques classiques qui, pour innovantes qu'elles aient pu être à l'époque de leur émergence, n'en sont pas moins aujourd'hui dépassées. Amina Wadud (née en 1952), professeur d'études islamiques à l'université du Commonwealth de Virginie, spécialiste de l'exégèse coranique, fait remarquer que les interprétations coraniques de la période classique sont toujours fragmentaires : elles procèdent à une interprétation verset par verset, déduisant des règles universelles à partir de l'interprétation d'un seul verset sans nécessairement le mettre en regard d'autres versets portant sur la même thématique ni l'interroger dans le contexte des objectifs généraux de la Révélation, ce qui conduit bien souvent à des interprétations contradictoires, anachroniques, loin de l'esprit du message coranique.

Pour remédier à ce biais méthodologique, A. Wadud propose d'appliquer une méthode prenant en compte le sens global du texte coranique, son « esprit », dans ce qui touche au social, à la morale, à l'économie et au politique, y compris pour les questions qui concernent les femmes. Elle invite en outre ces dernières à procéder à leur propre lecture depuis l'intérieur de leur propre expérience féminine, affranchie des stéréotypes qui ont constitué le cadre de référence des interprétations masculines, en prenant en compte le contexte de la Révélation coranique ou de la mise par écrit de la Tradition et en optant pour une lecture grammaticale qui inclue le féminin. Cela permet, selon elle, de restituer certaines interprétations ou discussions en termes neutres et non discriminants pour les femmes ainsi qu'à circonscrire certaines lectures à leur contexte du VII^e^ siècle. Ces propositions méthodologiques s'inspirent de la pensée libérale et réformiste de Fazlur Rahman (1919-1988) qui, déjà à son époque, avait mis l'accent sur l'importance de remettre le texte dans le contexte historique de sa révélation. Pour lui, le lecteur doit comprendre les implications des expressions coraniques à l'époque où elles ont été formulées pour retrouver le sens premier. Ce sens nous permet ensuite de déduire les intentions et finalités des règles instituées à cette époque, ce que nous appelons aujourd'hui l'« esprit du Coran ». Dans la même logique, l'islamologue et historien tunisien Mohamed Talbi parle de la lecture « vectorielle » ou « finaliste » du texte, dont il reconnaît d'ailleurs qu'elle n'est pas nouvelle, même si elle a besoin d'un nouveau souffle. Il fait ainsi grief à la quatrième source du droit musulman, l'analogie (*qiyas*), de « ne pas pouvoir résoudre tous les problèmes de la modernité en raison de son manque de mouvement : elle examine le présent à l'aune du passé. Elle est au fond une lecture passéiste du texte. Elle verse arbitrairement le présent dans les moules du passé et tente de le contraindre à s'y adapter, fermant ainsi les horizons du progrès et de la modernité[9] ». Nous affirmons pour notre part que ce qui est valable pour l'analogie l'est tout autant pour la pensée islamique dans sa globalité.

Il est possible d'embrasser la modernité par un islam ouvert et précurseur qui affirme la concordance entre la tradition, la culture, la foi, ses principes et le monde dans lequel nous vivons. Un islam qui accorde à la connaissance une place prépondérante, car la connaissance est nécessaire à la conscience, la compréhension est indispensable à l'observance des rites.

# 8

# Le féminisme est un humanisme

Depuis mon plus jeune âge, je suis meurtrie chaque fois que je suis témoin d'une situation d'injustice, qu'elle soit exercée contre une femme, un enfant, un homme, un animal ou la nature. Cela vient probablement de mon expérience en tant que petite fille, adolescente et ensuite jeune adulte. Au fur et à mesure que je grandissais, mon espace de liberté se rétrécissait et la perspective d'être maîtresse de ma vie se réduisait. J'avais beau redoubler d'efforts, tâcher d'être la fille modèle dont ma famille pouvait rêver, rien n'y faisait, j'étais une fille, je devais subir les règles du patriarcat et me plier aux volontés des hommes, car tous les hommes de votre entourage dans ce système ont un droit de regard sur le moindre acte de votre vie quotidienne qui se passe en dehors de l'espace domestique. J'avais beau être une brillante élève à l'école, le plus médiocre des garçons de mon entourage avait, d'une certaine manière, un droit d'ingérence dans ma vie. Même le discours de mon père, qui prônait la récompense au mérite ; seuls le travail, l'honnêteté, le comportement éthique peuvent rendre une personne méritante et digne d'une appréciation avantageuse selon lui : « Être jolie ne devrait donner lieu à aucune satisfaction, tu n'as aucun mérite en cela », me disait-il. Tout d'un coup ce discours trouvait ses limites devant les règles de la misogynie ambiante ; les garçons de mon âge avaient tous les droits, tous les égards, toutes les libertés sans même avoir fourni la moitié des efforts auxquels j'avais consenti. J'avais le sentiment d'être punie du fait d'être une fille, et pourtant, je n'y étais pour rien ; ce n'est pas moi qui ai choisi de naître fille, et personne ne m'a demandé mon avis, pas même Dieu. J'ai éprouvé un énorme sentiment d'injustice vis-à-vis de cette situation, alors j'ai décidé de garder le principe selon lequel mon père m'avait éduquée et de faire fi des distorsions produites par la société. J'avais l'idée d'une justice divine absolue, et j'ai dès lors compris que l'injustice qui s'exerçait contre les femmes dans la société ne pouvait être que le produit d'une œuvre humaine.

Je suis pour le respect de toute forme de vie sur terre et pour la protection de l'intégrité physique et morale de toutes les créatures de l'univers. Dans ma quête spirituelle, j'ai découvert une notion centrale dans la mystique musulmane. L'être humain lieutenant, ou lieu-tenant en deux mots, de Dieu sur terre : « Lorsque ton Seigneur dit aux anges : "Je suis en train d'établir sur terre un vicaire (*khalîfa*)[1]". » Le vicaire coranique, l'être humain sans distinction de genre, est celui qui a pour responsabilité de succéder comme un collaborateur immédiat à Dieu, et s'il en est ainsi alors il a pour principale mission de préserver et de défendre la dignité et l'intégrité, non seulement de ses semblables mais aussi de toutes les créatures. Force est de constater que l'injustice s'exprime en général contre les plus fragiles et les plus faibles dans la création. Or, cette fragilité et cette faiblesse, synonymes de délicatesse et de subtilité, sont tout aussi dignes d'être protégées car elles sont inhérentes à notre condition d'êtres vivants, elles ne sont en aucun cas une tare ni l'apanage du genre féminin, elles sont une étape, une phase du cycle de la vie qui porte en elle sa propre finitude et la rend si précieuse. La fragilité est partout dans la Création y compris chez l'homme. Certains de nos congénères du sexe masculin gagneraient à en prendre conscience et à sortir de l'illusion de la toute-puissance qui conduit à une volonté de domination sur le reste de la Création, la femme en premier. Cela passera probablement par la reconnaissance de la part féminine de l'homme et par la réalisation de l'unité entre ses deux sensibilités. La force absolue n'appartenant qu'au seul Être Nécessaire, dont l'Existence n'est diminuée ni affaiblie par aucune contingence, Celui qui détient la Puissance absolue, Dieu.

On me demande souvent si je suis féministe. Chaque fois, je ressens le besoin d'interroger à nouveau ce qui fonde mon engagement et je mesure que j'ai du mal à me définir comme telle. J'éprouve évidemment une infinie gratitude et une grande admiration pour les figures du féminisme contemporain qui ont su faire avancer la condition de la femme. Nous avons un devoir de mémoire immense vis-à-vis de Simone Veil, de Simone de Beauvoir, de Gisèle Halimi, de Huda Sharawi, de Nawal el-Saadawi et de toutes les autres. C'est grâce à leur combat que nous sommes aujourd'hui des femmes libres socialement et intellectuellement, et cet acquis fragile et sans cesse menacé mériterait d'être étendu aux femmes de la terre entière. Les premiers dont l'intégrité morale et physique est menacée en situation de crise sont les femmes et les enfants.

Je me questionne cependant sur le bien-fondé d'en faire une cause à part des autres causes humanistes. Quand je suis interpellée par une situation injuste, il ne me vient pas à l'esprit de faire la distinction selon l'appartenance sociale, le genre, la couleur des personnes concernées avant d'agir ; c'est d'abord l'injustice qui me révolte, qu'elle soit exercée contre une femme ou un homme, une personne d'un milieu aisé ou plus modeste, blanche ou de couleur, etc. Ce sentiment de révolte m'anime chaque fois que je constate que l'être humain sème le désordre dans l'univers. Je trouve très percutante la vision de Fatou Diome d'un « humanisme intégral » :

> Je me bats pour un humanisme intégral dont fait partie le féminisme. Mon féminisme défend les femmes où qu'elles soient. Ce qui me révolte, c'est le relativisme culturel. Il est dangereux d'accepter l'intolérable quand cela se passe ailleurs. Le cas d'une Japonaise victime de violences conjugales n'est pas différent de celui d'une habitante de Niodior ou des beaux quartiers parisiens brutalisée. Lutter pour les droits humains est plus sensé que d'essayer de trouver la nuance qui dissocie. Mais gare à la tentation d'imposer sa propre vision à toutes les femmes. L'essentiel, c'est de défendre la liberté de chacune[2].

Isoler la cause féministe des autres combats humanistes est souvent un prétexte pour la disqualifier. De plus, si certains sont tentés de me ranger dans cette catégorie, cela est à mon sens avant tout révélateur du retard des religions par rapport au reste du vécu humain. Celles-ci s'enlisent dans une lecture complètement rétrograde et dépassée des rapports entre les humains. S'il n'y avait pas ce retard, demanderions-nous systématiquement si elle est féministe à toute femme qui s'intéresse à la religion et souhaite y occuper une place ? Pourquoi ne qualifions-nous pas les hommes exerçant une fonction de ministère religieux de « masculinistes » ? Les hommes n'en ont pas besoin, car l'ordre social est défini par eux et à leur avantage dans beaucoup de domaines. Le jour où les femmes ne seront plus qualifiées de féministes lorsqu'elles voudront occuper une place, avoir une parole dans un domaine quel qu'il soit, alors nous aurons accompli une grande avancée humaine et nous aurons l'opportunité de conjuguer nos efforts pour construire un monde meilleur sur des questions de fond.

La femme est d'abord et avant tout un être humain : « Aucune chose unique ne devient deux que par elle-même », explique Ibn 'Arabî. À l'évidence, les religions portent cependant une lourde responsabilité dans la construction de la supposée infériorité des femmes dans l'imaginaire collectif. En Islam même, alors que le Coran ne dit rien des détails de la création de l'homme et de la femme, la littérature exégétique musulmane, souvent très influencée par les textes juifs et chrétiens, leur emprunte en la simplifiant la vision d'un masculin premier et d'une femme secondaire parce que créée à partir de l'homme. Ce mythe, ou du moins la façon dont on a eu tendance à le lire, a fait le lit du patriarcat. La féminité, et son expression à travers la femme, s'en est trouvée mise à mal, diminuée et reléguée jusque dans nos représentations graphiques et littéraires.

Il y a ici un grand paradoxe : la dogmatique exégétique classique en Islam s'est souvent définie en se démarquant des textes bibliques ; pourtant, dès qu'il s'agit d'affirmer l'infériorité de la femme, on y trouve tout à coup une vérité universelle et immuable pour l'humanité entière, et le récit d'Ève créée à partir de la côte d'Adam a été érigé en norme sacrée en invoquant des paroles attribuées au prophète Muhammad et reprenant exactement le même énoncé, quitte à s'éloigner du message coranique. Pourtant quand le Coran parle de la création d'Adam, c'est bien d'un être humain androgyne où le féminin et le masculin sont unis et mêlés dans une même essence : « Ô vous êtres humains, craignez votre Seigneur qui vous a créé d'une seule essence (*nafs wâhida*) et a créé d'elle son aspect conjoint (*zawjahâ*) et de ces deux-là a fait propager beaucoup d'hommes et de femmes[3]. » La volonté divine a décidé de séparer cette entité première en deux composantes sexuées procédant d'une même et unique réalité, en vertu du principe coranique selon lequel le Créateur, dans Son Essence, est Un et toute la Création se décline en paires égales : « Et de toutes choses, Nous avons créé deux éléments de couple » (51 : 49). En plus de s'éloigner du sens coranique, ces lectures ne s'inspirent que partiellement du texte biblique. La Genèse suggère une lecture androgyne de la création de l'homme : « Le premier Adam, commente Delphine Horvilleur, serait un modèle d'humanité androgyne, porteur des deux genres. Telle est la lecture littérale du verset : "mâle et femelle il les créa". Un homme à deux visages et à deux genres aurait été créé en un seul corps[4]. »

La mystique musulmane, à travers la tradition soufie et des figures comme celles de l'émir Abd el-Kader et Ibn 'Arabî qui développent la notion de « féminin sacré », est dans la pensée musulmane la lecture qui apporte les réponses les plus appropriées aux questionnements actuels sur la place de la femme en Islam et plus largement, dans toutes les religions et les sociétés humaines. Les deux Attributs divins qui figurent dans la formule introductive des sourates du Coran, *al-Rahmân* et *al-Rahîm*, et qu'on traduit généralement par « Au nom de Dieu le Tout Miséricordieux, le Très Miséricordieux », sont formés sur la racine *r-h-m* qui renvoie au sens propre à *rahim*, « l'utérus, la matrice », organe féminin s'il en est. Pour Ibn 'Arabî, cet attribut féminin de la *Rahma*, la Miséricorde, est à l'origine de la Création ; *nafas al-Rahmân*, « l'expir du Miséricordieux », est l'énergie divine créatrice. Ainsi, le féminin sacré rassemble en son sein la clémence, la miséricorde, la matrice source d'amour protecteur et nourricier et la parentèle. « N'était la féminité, écrivait l'émir Abd el-Kader, c'est-à-dire, n'était le degré du possible et la Réceptivité de l'Acte issu du degré de la fonction de Divinité, les Noms divins seraient demeurés sans effets, et, de ce fait, ignorés », le féminin étant ce réceptacle qui permet au monde de se manifester et de s'incarner dans la substance. Dans sa fécondité, le féminin paraît comme essentiel à la glorification de Dieu par Lui-même. Il permet de mettre en œuvre cette parole divine : « J'étais un trésor caché, J'ai aimé être connu et J'ai créé les créatures » ; c'est donc par le féminin que les attributs divins se déploient dans le monde matériel et incarné pour rendre possible la connaissance de Dieu par Sa création.

Nous percevons cette caractéristique de réceptivité du féminin dans sa représentation la plus aboutie, lorsque la femme accomplit son rôle d'épouse et de mère. Elle est par excellence l'être qui accueille le monde, mais cette réceptivité est également présente en chacun d'entre nous car, à l'image d'Adam, nous portons tous en nous une part de féminin et de masculin qui méritent toutes deux notre connaissance et reconnaissance pleines et entières, à défaut de quoi nous renierions une part constitutive de notre être.

Selon Ibn 'Arabî, le microcosme contient en lui tout

le macrocosme. Toutes les caractéristiques qui constituent l'univers se trouvent dans l'être humain. Autrement dit, tout ce qui se trouve à l'intérieur de nous-mêmes se trouve à l'extérieur également. La féminité et la masculinité qui sont constitutives de notre être sont pareillement constitutives du cosmos et le Divin qui englobe le tout contient par Ses attributs le féminin sacré et le masculin sacré. Dans cette perspective, le féminin est partout, tout autant que le masculin. Nos univers, dans leurs différents niveaux – intérieur, extérieur, cosmique, humain et divin –, ne sauraient être appréhendés sans l'une de ces deux entités et leur complémentarité.

Depuis mon enfance, j'ai toujours été révoltée par toutes les formes d'injustices, qu'elles soient exercées contre les femmes, les enfants, les hommes, les animaux ou la nature. Je suis pour le respect de toute forme de vie sur terre et pour la protection de l'intégrité physique et morale de toutes les créatures de l'univers. La fragilité se trouve dans toutes les créatures, la force absolue n'appartenant qu'à Celui qui détient la Puissance absolue, Dieu. La fragilité est partout même si elle n'est pas toujours visible immédiatement, car la vie porte en elle-même sa finitude et c'est ce qui la rend précieuse. Il s'agit là d'une règle universelle. Chaque chose se trouvant dans l'existence porte en elle son contraire, la vie est limitée par la mort, la beauté peut être transformée en laideur, toute force est menacée de faiblesse, etc. Les créatures ont toutes une fin et connaîtront toutes un jour un retour à leur source et c'est ce qui nous fait prendre conscience de la valeur des choses. La fragilité est délicatesse, noblesse et sensibilité. Ainsi, c'est parce que j'ai eu affaire à ces limitations instituées par l'être humain, la société, que j'ai compris à quel point il est nécessaire et essentiel de défendre la dignité humaine.

J'aimerais clore ce chapitre en évoquant de manière très succincte le mouvement féministe dit « islamique » qui a émergé ces dernières années dans le giron de l'islam politique en Europe sous l'influence de Tariq Ramadan et de divers acteurs religieux proches de lui, issus de la matrice religieuse des Frères musulmans. Ce mouvement a fortement contribué au voilement généralisé des femmes et des filles en Europe avec des répercussions plus larges partout ailleurs dans le monde. Son postulat de départ, que j'accuse pour le moins d'être malhonnête intellectuellement, a consisté à enraciner dans la conscience des musulmanes et des musulmans l'idée selon laquelle le voile serait une obligation religieuse, alors que cette question a toujours été un point de divergence entre les savants religieux contemporains. Leur interprétation s'appuie sur des prémisses qui ont pour objectif d'instituer un ordre social où les rapports de domination entre les genres seraient perçus comme faisant partie de l'ordre normal du fonctionnement des sociétés humaines.

Certaines de ces nouvelles féministes assimilent le voile à un acte de foi et en font un symbole identitaire de citoyenneté spirituelle[5] ; partant, elles invitent à une « décolonisation » du féminisme occidental fondée sur l'acceptation du voile. En ce qui me concerne, je ne me reconnais absolument pas dans cette approche politique et identitariste du combat féministe : elle relève à mon sens d'une manipulation de l'opinion publique par l'islam politique qui fait de la question du corps de la femme une question éminemment politique qui doit être gérée par la collectivité, la dépossédant ainsi de sa liberté individuelle d'être humain ayant une opinion et un avis à faire valoir à partir de l'intérieur de sa propre condition féminine. Par ailleurs, je considère que le féminisme consiste en le respect de la dignité humaine de toutes les femmes au sein de l'unité ; il ne saurait verser dans l'instrumentalisation de concepts mue par un désir de règlement de comptes entre des cultures ou des espaces géographiques ; car les femmes aspirent toutes au respect et à la liberté de décider de leur propre sort, sans que les hommes et les idéologies qu'ils ont fabriquées ne les prennent en otage.

# 9

# Le ministère religieux féminin

Dans l'islam sunnite, l'imam est le guide religieux au sein de la mosquée. En plus de la direction de la prière du vendredi et la délivrance du prêche (*khotba*) ce même jour, il fournit des conseils religieux aux croyants, accompagne les moments de deuil par la prière mortuaire, célèbre les mariages, etc. Même en dehors de la mosquée, toute personne qui guide les cinq prières obligatoires dans un groupe d'au moins trois personnes exerce la fonction d'imam.

Une femme qui guide la prière du vendredi à la mosquée devant une assemblée mixte et qui délivre la *khotba*, voilà qui semble surréaliste tant l'islam, ces dernières décennies, a donné une image dégradante de la femme musulmane. Et pourtant, Amina Wadud a donné son premier prêche dans une mosquée en Afrique du Sud en 1995 et a dirigé pour la première fois la prière du vendredi devant une assemblée de femmes et d'hommes à New York en 2005. Depuis ces deux événements historiques, d'autres imames femmes ont fondé leurs propres mosquées : Sherine Khankan au Danemark a créé la mosquée Mariam, une autre imame canadienne a également dirigé la prière devant une assemblée mixte et d'autres cas sont connus en Angleterre, en Italie, en Allemagne et un peu partout en Europe. En Chine, il existe des femmes imames dans des mosquées exclusivement féminines depuis le XVIII^e siècle. Cela suscite évidemment de nombreuses et vives réactions. En 2005, lorsque l'Union musulmane progressiste a annoncé qu'Amina Wadud dirigerait la prière du vendredi, cela a provoqué une véritable onde de choc : pendant que certains y voyaient un éveil des consciences et un retour à la voie égalitaire et juste voulue par le Prophète, d'autres ont lancé des menaces, et une alerte à la bombe a abouti au changement du lieu de prière.

Devant la confusion suscitée par la polémique autour du ministère religieux féminin, il est indispensable de revenir à ce que disent le Coran et la Tradition à propos de l'imamat en général et de voir s'il en fait l'apanage du genre masculin.

En arabe, le terme *imām* dérive de *amām*, « devant » : il est littéralement « celui qui se tient en avant » des autres. On trouve trois occurrences du terme dans le Coran où il a le sens général de « modèle », d'exemple à suivre : « ces deux sont bien un exemple explicite *imām mubīn* » (15 : 79), « et nous avons consigné toute chose dans un Original explicite (*imām mubīn*) » (36 : 12), « fais de nous un modèle (*imām*) pour ceux qui prennent garde » (25 : 74). Dans tous les autres versets où le mot est employé, il est accolé soit à Abraham, soit à Moïse et à son Livre : « Et quand son Seigneur mit Abraham à l'épreuve par des paroles et qu'il les eut accomplies, Il dit : Je vais faire de toi un modèle (*imām*) » (2 : 124) ; « alors qu'avant cela était le Livre de Moïse, tenant lieu de guide (*imām*) et de miséricorde » (11 : 17) et « Et avant cela, il y avait le Livre de Moïse, comme guide (*imām*) et miséricorde »

(46 : 12). Une dernière occurrence (17 : 71), enfin, fait référence au chef de chaque groupement d'hommes au jour du Jugement, sans qu'on puisse dire s'il s'agit d'un rôle politique ou religieux.

Le mot se trouve également cinq fois au pluriel et peut désigner diversement : les polythéistes qui trahissent leur serment d'alliance avec les musulmans et sont des « modèles d'incroyance (*a'immat al-kufr*) » (9 : 12) ; Abraham, Isaac et Jacob désignés comme « des *imāms* qui guidaient par Notre ordre, et Nous leur inspirâmes de faire le bien, d'instituer la prière et de donner l'aumône ; et ils furent pour Nous des serviteurs » (21 : 73) ; à propos des Hébreux opprimés par Pharaon, dont il est dit « Mais Nous voulions favoriser les opprimés de la terre et faire d'eux des *imāms* et des héritiers » (28 : 5), tandis que Pharaon et ses conseillers sont institués en « *imāms* qui invitent au Feu » de l'enfer (28 : 41) ; enfin, après la sortie d'Égypte, une partie des Hébreux sont, dans les mêmes termes que ceux employés pour Abraham, Isaac et Jacob, « institués *imāms* qui guidaient par Notre ordre tant qu'ils étaient patients et tenaient fermement à Nos signes » (32 : 24).

Ainsi, en analysant l'emploi qui est fait du mot dans le texte coranique, la notion qui se dégage est celle de « modèle ». À partir de ce constat, y a-t-il dans le Coran des figures féminines qui sont considérées comme des modèles à suivre, des guides pour les croyants ? Elles ne manquent pas. Marie, la mère de Jésus, représente ainsi le paradigme de la dévotion universelle, un modèle à suivre tant par les hommes que par les femmes, et c'est d'ailleurs ainsi qu'elle est perçue par l'ensemble des musulmans. La reine de Saba, connue sous le nom de Balqis, est présentée comme un modèle universel de souverain politique juste, respectueux de la dignité de son peuple, de son avis, ainsi que comme un modèle de foi indépendante qui a décidé de croire en Dieu avec le prophète Salomon, au même niveau que lui et non pas en se soumettant à lui. Bien d'autres récits de figures féminines modèles sont relatés dans le texte coranique : Âsiya, la femme de Pharaon, qui a recueilli et élevé Moïse, Sarah, l'épouse d'Abraham et la mère du prophète Isaac, ou encore Hajar, la mère du prophète Ismaël, entre autres exemples.

### *L'imamat féminin dans la jurisprudence musulmane*

Le sujet de l'imamat de la femme suscite de très vives réactions lorsqu'on l'évoque dans des rencontres religieuses, dans les médias et sur les réseaux sociaux. Certains y voient une renaissance de l'esprit égalitaire auquel l'Envoyé de Dieu a appelé l'humanité et une rupture avec les mentalités misogynes, tandis que d'autres y voient une innovation contraire aux valeurs de l'islam. Mes nombreuses recherches sur le sujet m'ont donné la conviction que la lecture des hommes a bel et bien pris le dessus sur le message de Dieu, lequel est juste dans son essence. Réserver l'imamat aux hommes est une lecture des hommes de loi dont il faut bien reconnaître que les questions féminines ne sont souvent pas le premier souci. On peut y voir l'effet d'une simple passivité, car ils considèrent que cela ne les concerne pas au premier chef ; de nombreux représentants des milieux « savants » de l'islam ne savent même pas que la question a été débattue à toutes les époques et encore aujourd'hui.

Pour d'autres, notamment les idéologues des mouvements fondamentalistes et autres victimes de l'endoctrinement qui bride les consciences, le corps de la femme est devenu une obsession. Aussi, le risque que celle-ci puisse prétendre à une part du pouvoir politique, social ou religieux représente pour eux une telle menace qu'ils se sont attelés, très tôt, à conceptualiser tout un dogme au sujet de la femme, au point de vouloir la faire disparaître de l'espace public et de lui substituer le fantasme de la houri du paradis avec une véhémence telle qu'elle trahit en réalité des peurs intérieures incontrôlées. Mais cela relève plus d'un sujet d'analyse psychiatrique que purement religieux, laissons-le donc aux spécialistes.

Les réactions des clercs sunnites, suite à l'imamat de la prière du vendredi d'Amina Wadud devant une assemblée mixte aux États-Unis en 2005, sont très révélatrices des ressorts qui les conduisent à déclarer interdit le ministère religieux féminin. Parmi ces voix, on compte le cheikh Sayid Tantawi, imam de la mosquée d'al-Azhar, le grand mufti d'Arabie saoudite, des imams de La Mecque et de Médine, le théologien de référence des frères musulmans Youcef al-Qaradhâwî, des autorités religieuses du Maroc, du Pakistan et de Jordanie. Ces représentants d'institutions religieuses sunnites ont mis en avant les arguments suivants.

Premièrement, le corps d'une femme serait provocant et pourrait perturber la concentration des hommes durant la prière.

Cet argument révèle le rapport de ces hommes aux femmes mais, aussi et surtout, envers eux-mêmes. Ils réduisent la femme à un corps qui suscite le désir et qui est source de tous les maux. Certains vont jusqu'à considérer que le diable se cache dans ce corps. Ce qui leur échappe vraisemblablement, c'est qu'en réalité le problème ne réside pas dans ce qui est à l'extérieur mais plutôt à l'intérieur, c'est-à-dire leur rapport à eux-mêmes et à leur spiritualité. Pour certains d'entre eux, l'homme serait complètement soumis aux instincts primaires qui le contrôlent constamment, sans qu'il puisse exercer aucune volonté propre ni aucune maîtrise de soi au point que même durant la prière, moment de recueillement par excellence où Le Seul et Unique Être existant dans l'esprit du croyant devrait être Dieu, il arriverait à être perturbé par le corps (complètement couvert !) d'une femme. À ceux-là, nous rappelons ces quelques versets coraniques qui nous appellent à ne pas substituer nos penchants passionnels à Dieu et à purifier nos sens et nos âmes : « Vois-tu celui qui prend alors sa passion pour sa propre divinité ? Puis Dieu l'égare sciemment, scelle son ouïe, son cœur et étend sur ses yeux un voile. Qui donc après Dieu peut le guider ? Ne vous rappellerez-vous donc pas ? » (45 : 23), « Et par l'âme et Celui qui l'a harmonieusement façonnée ; et lui a alors inspiré son immoralité, de même que sa piété ! A réussi celui qui la purifie. Et est perdu, certes, celui qui la corrompt » (91 : 7-10).

Au-delà de ce type d'argumentaire, on constate la nette régression et la dégradation des rapports entre les genres. Cela révèle la contradiction des savants religieux et des fidèles qui semblent ne plus supporter de voir le corps d'une femme à la mosquée, que ce soit en tant qu'imame ou dans l'assemblée des priants. Or, la mixité a toujours existé, jusqu'à ce jour, dans les lieux saints de l'islam. Dans la mosquée sacrée de La Mecque, le *masjid al-haram*, les hommes et les femmes prient ensemble sans que cela ne pose problème. Dans la mosquée du Prophète à Médine, *al-masjid al-nabawî*, les sources musulmanes n'indiquent aucune configuration architecturale qui soit réfléchie pour faire en sorte de séparer les hommes et les femmes ou instaurer une ségrégation envers celles-ci. La description qui en est faite est claire : c'était une structure rectangulaire simple sans aucun mur ni barrière pour séparer l'espace de prière.

Ensuite, le prophète Muhammad aurait autorisé les femmes à diriger la prière seulement devant une assemblée de femmes et cela uniquement dans un espace privé.

Cet argument s'appuie sur une lecture particulièrement orientée et à l'évidence très masculine et patriarcale de deux *hadîths* (tradition prophétique) à propos d'une certaine Umm Waraqa[1]. Le premier relate son échange avec l'Envoyé de Dieu à qui elle demande de participer à la bataille de Badr, afin d'être agréée par Dieu en tant que martyre. Le Prophète lui conseille de rester chez elle tout en l'assurant de son statut de martyre auprès de Dieu. C'était une femme qui lisait le Coran et l'apprenait par cœur : elle demanda alors au Prophète un muezzin, ce qu'il accepta. Le *hadîth* poursuit l'histoire en indiquant qu'elle possédait deux esclaves, un homme et une femme, auxquels elle avait promis la liberté après sa mort. Ils l'assassinèrent dans le but d'en finir avec leur condition d'esclave. Au-delà de l'anecdote, le *hadîth* nous renseigne sur la composition du foyer d'Umm Waraqa : un homme et deux femmes. Un deuxième *hadîth* indique qu'elle avait appris le Coran par cœur et que le Prophète, qui avait pour habitude de lui rendre visite, lui désigna alors un muezzin et lui demanda de guider la prière pour les *ahl dâriha* (qu'on pourrait traduire par « les gens de chez elle »), soit au moins un muezzin et les deux esclaves mentionnés dans le premier *hadîth*. À partir de ces deux traditions prophétiques, on constate que l'assemblée guidée par Umm Waraqa était mixte. Sur cette base, l'auteur du commentaire des *Sunan* d'Abû Dâwud affirme que l'imamat de la femme est valide sur les hommes et sur les femmes. Il poursuit en mentionnant que des jurisconsultes tels qu'al-Muzanî, Abû-Thawr et al-Tabarî ont affirmé la validité de l'imamat de la femme, y compris sur les hommes.

L'autre enjeu de ce *hadîth* est la signification du mot *dâr*. Les jurisconsultes les plus réfractaires au ministère religieux féminin restreignent l'interprétation de ce terme à la maisonnée d'Umm Waraqa. Ils ne tiennent donc pas compte de l'étymologie de ce mot qui signifie le « lieu de résidence » ; cela peut désigner un quartier, un secteur de résidence, la tribu, le pays, la communauté musulmane – *Dâr al-Islam* –, le paradis – *Dâr al-Salâm* –, l'enfer – *Dâr al-halâk* –, etc.[2]. Par ailleurs, la désignation d'un muezzin indique qu'est lancé un appel à la prière en dehors de la sphère privée de la maison. Il indique également qu'il s'agit des prières obligatoires car il n'existe pas d'appel à la prière pour les prières surérogatoires, ce qui est une contre-preuve à l'avis de certains jurisconsultes hanbalites qui limitent la validité de l'imamat de la femme aux prières surérogatoires, et notamment à celle des *tarāwīḥ* pendant le ramadan.

Ainsi, les différentes restrictions que les ulémas ont voulu lire dans le *hadîth* d'Umm Waraqa ne sont pas dans le texte mais dans leurs esprits. Une autre lecture de ce *hadîth* est possible, et c'est d'ailleurs ce qu'affirme Mohammad Hamidullah dans son livre *The Emergence of Islam* : « Umm Waraqa bint 'Abdallah, une femme des Ansars (partisans médinois du Prophète), a été désignée par le Prophète pour guider la prière en tant qu'imame de la mosquée de son quartier[3]. » En effet, « il s'était fait ressentir à Médine le besoin de créer une deuxième mosquée. Cela peut être expliqué par le fait que les maisons de certains habitants de Médine, les Ansars, étaient trop éloignées de celle du Prophète qui servait aussi de mosquée aux croyants. Certains d'entre eux ont voulu se rapprocher de la maison du Prophète et habiter près de lui, entreprise dont le Prophète les a dissuadés[4] ». Dans la mesure où Umm Waraqa faisait partie des Ansars et que le Prophète lui a ordonné de diriger la prière, nous pouvons légitimement imaginer que, dès lors que le besoin d'une deuxième mosquée à Médine s'est exprimé, le Prophète a voulu agir en cohérence avec l'esprit global de son message spirituel qui avait pour objectif d'établir la justice et la dignité pour tous les êtres humains, et a choisi une femme pour guider la prière.

Enfin, ceux qui s'opposent aujourd'hui à l'imamat féminin arguent de ce qu'aucune des quatre principales écoles juridiques sunnites ne reconnaîtrait l'imamat de la femme devant des hommes et qu'il y aurait donc un consensus (*ijma'*) à ce sujet, qui serait dès lors irrévocable.

L'*ijma'*, terme qu'on traduit généralement par « consensus », est considérée par le droit sunnite comme la troisième source de loi après le Coran et le *hadîth*. Il faut cependant bien préciser ce qu'on entend par ce terme. En tant qu'un des fondements du droit (*uṣul al-fiqh*), il existe un débat entre les théoriciens du droit sur sa détermination : doit-il correspondre à l'avis unanime de toutes les époques, comme l'écrit Abû Hamid al-Ghazali[5] (1058-1111) ? Doit-il être encore plus large et correspondre au consensus de la Oumma tout entière, comme on le fait parfois dire à al-Shafi'i[6] (767-820) ? Se définit-il au contraire plus étroitement par le seul consensus des gens de Médine, comme l'écrit l'imam Mâlik[7] (711-795) ? Il faut en outre et surtout distinguer ce consensus unanime, au périmètre variable, d'une notion beaucoup plus faible, celle de *qawl al-jumhur*, autrement dit « l'avis exprimé par la *majorité* des savants ». Cette notion est souvent, mais indûment, identifiée à l'*ijma'* afin d'imposer comme indiscutable un avis qui est peut-être majoritaire, mais qui n'a jamais fait l'unanimité et qui n'a jamais cessé d'être discuté. C'est justement le cas de l'imamat féminin, qui a été défendu par des juristes à différentes époques, parmi lesquels Abû Thawr (m. 170 H./854), al-Muzanî (m. 264 H./876), Abû l-Tayyib al Tabarî (m. 439 H./1058) ; l'Andalou Averroès (m. 596 H./1198) ; le hanbalite Ibn al-Jawzî (m. 597 H./1201), ou encore Ibn 'Arabî (m. 638 H./1240). Il n'y a donc jamais eu d'*ijmâ'* sur la question.

## *La prophétie et l'imamat de la femme*

Ibn 'Arabî, dans son maître ouvrage *Al-Futûhât al-Makkiyya* (*Les Illuminations de La Mecque*) traite de la question du ministère religieux féminin. En très bon connaisseur du droit islamique, il cite les différents avis juridiques des savants musulmans et y distingue trois tendances. Un premier courant considère l'imamat des femmes comme interdit de manière absolue ; un autre l'autorise mais seulement pour diriger la prière d'un public exclusivement féminin ; enfin, le troisième avis, qui est celui que le maître revendique pour lui-même, considère que l'imamat de la femme est valide de manière absolue devant une assemblée de femmes et d'hommes. Pour appuyer sa position, Ibn ʻArabî fait référence au Prophète, qui a attesté que certaines femmes ont atteint le degré de la réalisation spirituelle comme il l'a attesté pour certains hommes. Cette réalisation a pour Ibn ʻArabî le nom de *nubuwwa*, « prophétie », et équivaut pour lui à l'imamat. Autrement dit, la prophétie et l'imamat sont, d'un point de vue symbolique, des fonctions semblables sur le plan spirituel, à travers lesquelles s'exerce le ministère religieux. Elles procèdent de l'aspiration de l'être à sa réalisation et, à partir du moment où la femme peut potentiellement atteindre ce haut degré d'accomplissement qu'est la prophétie (comme Marie, d'après le Coran), elle peut dès lors exercer la fonction d'imam. Pour Ibn ʻArabî, l'imamat de la femme est non seulement valide mais cette validité découle du principe même de l'imamat en son essence[8].

Après avoir rappelé qu'il n'existe aucun texte qui interdise le ministère religieux féminin, il s'appuie sur des arguments métaphysiques et mystiques, que nous allons développer, pour en déduire un avis juridique. Le lien entre le macrocosme et le microcosme, et leur position en miroir l'un par rapport à l'autre, est une idée récurrente dans la pensée d'Ibn ʻArabî ; il considère que l'être humain concentre en lui la totalité de l'univers si bien qu'il en est, pour ainsi dire, la copie abrégée, car les mêmes lois gouvernent l'un et l'autre. À propos de la prière et de ses secrets, il écrit :

> Sache que l'être humain est un grand univers en lui-même du point de vue du sens, même s'il est petit par sa taille, c'est pour cette raison qu'il est dit dans le Coran : "C'est Toi que *nous* adorons" (1 : 5). La forme plurielle désigne non seulement, au niveau du macrocosme, la pluralité des individus humains, mais aussi, au niveau du microcosme,

les diverses facultés de l'humain : sa raison (*al-'aql*), son âme (*al-nafs*) et ses passions (*al-hawâ*). Chacun d'entre eux peut guider/diriger (*ya'umm*, c'est-à-dire être l'*imām*), à un moment ou un autre, la communauté des attributs.

Les actes de dévotion procèdent de la raison, les actes permis proviennent de l'âme et les actes de transgression sont le produit du *hawâ* ou des passions primaires. Si l'âme se lasse de se soumettre à l'autorité de la raison et de la suivre dans les actes qui rapprochent [de Dieu] durant la période où elle agit comme l'imam ou guide (*ta'umm*) et elle a pris le devant dans le domaine des actes permis et que c'est elle qui a pris le rôle du guide sur toi (*'ammat bika*) alors suis-la et garde le lien derrière elle afin de la préserver et qu'elle ne soit pas entraînée par ses passions, car ces dernières la suivent dans ce cas, afin de la faire tomber dans le péché. Dans ce cas de figure, la guidance de l'âme est valide et c'est l'imamat de la femme[9].

Ainsi, Ibn 'Arabî établit une analogie entre l'âme et la femme qui relèvent du principe féminin et l'homme et la raison qui relèvent, selon lui, du principe masculin. Il compare également les différentes composantes de la personne humaine constituée de toutes ses facultés, forces physiques et intellectuelles, de ses différents membres corporels, à un ensemble d'individus composant une communauté humaine. Pour lui, ces deux entités sont dirigées, à un moment ou un autre, soit par la rationalité, soit par la sagesse ou, dans le pire des cas, par ses viles passions. Autrement dit, à l'échelle de l'individu humain, celui-ci est gouverné tantôt par la raison, tantôt par l'âme et, à l'échelle d'un groupe humain, ces deux polarités sont représentées par une personne du genre masculin et une personne du genre féminin. Ibn 'Arabî dit au genre masculin, qu'il assimile à la raison, de céder la gouvernance à la sagesse du genre féminin lorsque vient le moment où celle-ci prend les rênes pour accomplir les actes permis, afin de prémunir la communauté et de la protéger des actes blâmables.

Il affirme : « suis-la », sinon elle risquerait d'être entraînée, avec l'ensemble des composantes de l'individu humain – et donc, par analogie sur le plan extérieur du macrocosme, avec l'humanité ou la communauté des croyants –, par ses passions et de tomber dans l'illicite. La complémentarité entre la raison et l'âme, entre le masculin et le féminin, est pour Ibn 'Arabî le principe premier de la vie du cosmos. Du verset coranique qui décrit la relation de couple, où l'homme et la femme représentent l'un pour l'autre une protection : « Elles sont un vêtement pour vous et vous êtes un vêtement pour elles » (2 : 187), on déduit que les deux sont dans un parallélisme parfait, chacun couvrant la fragilité, la défaillance ou l'absence de l'autre et doit donc prendre le relais pour diriger et poursuivre la direction de l'activité commune. Ainsi, il est tout à fait naturel que la communauté religieuse soit guidée en alternance par un homme et une femme qui sont un soutien l'un pour l'autre dans tous les domaines de la vie, y compris religieux.

Ibn 'Arabî est loin d'être le seul à avoir abordé la question de la prophétie féminine et à en avoir tiré argument pour affirmer la validité de l'imamat de la femme. On trouve en effet dans divers ouvrages de théologie musulmane des positions similaires à travers l'étude de la figure mariale dans le texte coranique. Marie recèle une valeur théologique de très haute importance à ce sujet. L'examen de l'exégèse des versets coraniques qui lui sont consacrés montre qu'elle est l'exemple paradigmatique de la condition humaine, au-delà de toute distinction de genre, et qu'elle se voit conférer une envergure prophétique. La Vierge est incluse dans une séquence des prophètes cités dans la sourate 21, « Les Prophètes », où son nom se retrouve parmi ceux d'Abraham, Moïse, Jacob, Isaac, Loth, Aaron, etc. Les commentateurs du Livre saint ont été confrontés à la problématique de savoir si la dignité prophétique pouvait être attribuée à la Vierge Marie, bien qu'elle soit une femme. Parmi eux, Alûsî (m. 1270 H./1854) a définitivement conclu, dans son ouvrage *Rūḥ al-Maʿānī*, à la prophétie de Marie en s'appuyant sur l'argument qu'elle est citée près d'eux (les prophètes) au genre masculin[10]. Le verset 43 de la troisième sourate, « La famille d'Imran », a beaucoup été commenté. Il concerne la prescription faite à Marie par son Seigneur concernant la prière : « Marie, sois dévouée à ton Seigneur, incline-toi et prosterne-toi avec les prosternants (*ma'a l-Râki'în*). » Dans ce verset, le texte coranique mentionne « ceux qui se prosternent » au masculin – *al-Râki'în* au lieu du féminin *al-Râki'ât*, « celles qui se prosternent ». Parmi les commentateurs, al-Qurṭubī y voit un ordre relatif à la prière en commun des hommes et des femmes et Râzî le comprend comme étant un ordre venant de Dieu demandant à Marie d'accomplir la prière avec les hommes, ce qui signifie : « Fais comme ils font, prie à Jérusalem avec tes voisins et ne te distingue pas d'eux. » L'exégèse comprend donc ce verset coranique comme une injonction faite à Marie de ne plus accomplir la prière dans la solitude ou parmi les femmes uniquement mais en s'unissant et en se mêlant aux hommes.

En conclusion, les avis qui veulent établir l'interdiction

absolue du magistère féminin dans le culte musulman n'ont pas de fondements théologiques solides. Aucun argument émanant du Coran ni de la sunna ne peut être sérieusement avancé pour invalider ou rendre illicite l'imamat des femmes. Dans le contexte où il a initialement été énoncé, il était même « progressiste » sur ce plan, par exemple en interdisant la pratique du féminicide sur les nouveau-nés ou encore en réformant des règles d'héritage pour que les femmes soient des héritières et non pas quelque chose dont on hérite… Ce qui pose problème aujourd'hui, ce sont les lectures patriarcales du texte sacré, faites par des hommes ayant évolué dans des traditions misogynes où le rôle de la femme se limite à la sphère domestique. Malgré les avancées en matière de justice sociale que l'islam a entreprises à son avènement, nous ne pouvons aujourd'hui que déplorer la régression de la norme religieuse dans ce domaine, laquelle s'est malheureusement beaucoup éloignée de l'esprit de progrès amorcé par le message coranique. Le patriarcat exerce une véritable discrimination, pour ne pas dire une violence interprétative, aboutissant à une mutilation des aspects essentiels du message de l'islam.

Par patriarcat, j'entends ce conglomérat formé de représentations et de croyances nées des relations sociales, économiques, idéologiques et culturelles qui prennent leur source dans la croyance en l'infériorité ou la subordination des femmes aux hommes. Le discours patriarcal soutient que les capacités des femmes sont limitées par rapport à celles des hommes et il considère qu'en raison de leurs caractéristiques biologiques spécifiques, les femmes ont été exclusivement prévues pour la maternité et les travaux ménagers. L'homme, quant à lui, aurait la capacité d'agir comme chef de famille et d'occuper l'espace public. Le patriarcat est un logocentrisme idéologique qui n'a rien de naturel. Il contrevient à la volonté divine d'établir une justice cosmologique fondée sur la parfaite corrélation des forces masculines et féminines, actives et passives qui régissent l'ordre de la Création.

La lecture du Coran à travers le prisme patriarcal a abouti au démantèlement de l'anthropologie coranique, de son message éthique et de la vision égalitaire du monde. Elle a maintes fois nié les principes de justice et d'écologie humaine du Coran. Il n'y a pas eu besoin d'attendre l'arrivée de la modernité et du colonialisme pour que cette désarticulation ait lieu. Il a suffi de laisser le Coran entre les mains de « gardiens de la tradition » qui ont tenté de le réduire à un livre de règles ou à un « mode d'emploi » auquel les masses musulmanes doivent une obéissance aveugle. Ils ont nié son caractère de révélation divine destinée à chaque être humain sans aucune distinction de genre. Ce texte sacré pourrait être interprété comme le meilleur instrument de lutte contre le patriarcat et la discrimination qu'il engendre, à condition que les femmes aient la conviction profonde qu'elles sont complètement et entièrement légitimes à s'approprier la question théologique avec leurs égaux et frères, les hommes.

# 10

# Le voile et ce qu'il voile

Si invraisemblable que cela puisse paraître aux moins de vingt ans, j'ai dans ma jeunesse connu une Algérie sans voile, sans *hijab* islamiste. L'Algérie des années 1970 et 1980 était un pays où les femmes ne ressentaient aucune culpabilité à sortir de l'espace domestique habillées d'un pantalon ou d'une robe laissant apparaître leurs bras, leurs jambes et leurs cheveux. Même Abdelhamid Ben Badîs (1889-1940), fondateur de l'Association des oulémas musulmans algériens et des instituts mixtes à une époque où l'école communale séparait les filles des garçons, n'avait pas imposé le voile aux institutrices qui y enseignaient, ni aux filles des scouts musulmans dont il était le guide spirituel.

« Culpabilité », le mot n'est pas trop fort : il faut prendre la mesure de ce poids qui écrase la conscience de beaucoup de femmes musulmanes, aboutissant à l'aliénation de leur volonté propre, leur déniant même toute capacité intellective en dehors du cadre établi. Parmi les messages qui m'ont le plus touchée ces deux dernières années, de tous ceux que je reçois sur les réseaux sociaux, il y a celui d'une jeune femme vivant en Algérie et me racontant qu'elle est enseignante et que la découverte de mon discours, de mes idées et de ma vision de l'islam a changé sa vie : elle ne se sent plus coupable ni piètre musulmane lorsqu'elle ose enfin sortir dans la rue habillée d'un jean ou d'une robe, depuis qu'elle a découvert à travers mes travaux les interprétations réformistes émancipatrices de la femme. Je suis très émue et touchée de rapporter ces propos, car je sais l'injustice du bannissement que l'on peut subir lorsqu'on est une jeune femme vivant dans une société patriarcale, gangrenée par l'islamisme de surcroît. Combien de femmes portent encore les stigmates des actes terroristes des intégristes islamistes auxquels la société algérienne, parmi les premières, a payé un lourd tribut ? Combien de femmes ont été défigurées par ces illuminés, complètement aliénés par l'idéologie islamiste totalitaire ?

Il faut rappeler à nos consciences et notamment à celles des plus jeunes d'entre nous le discours de haine justifiant la violence exercée contre les femmes pour leur imposer le port du voile. Les militants du FIS (Front islamique du salut) et sa branche armée, dans les années 1990, soit dix ans après la révolution iranienne, sous l'influence de celle-ci et avec le soutien de ses protagonistes, ont propagé le slogan : « Sois un homme : voile ta femme. » Pour celles qui ne s'exécutaient pas, ils passaient à l'action. Un certain nombre d'entre elles ont été assassinées, d'autres ont été défigurées à vie, le visage fondu et brûlé par des attaques à l'acide. Ces mentalités sévissent encore de nos jours. J'ai vu récemment des photos de pancartes dans des magasins qui refusent de servir les femmes non voilées, car pour eux elles représentent une menace, Dieu risque de les priver de leur *rizq* (« subsides ») s'ils accueillent ces sources de malédiction ! Ces hommes ne se sont donc jamais demandé pourquoi Dieu n'a pas privé les pays occidentaux de leurs richesses ? Le moins qu'on puisse dire, c'est que leur raisonnement n'est pas très élaboré et relève d'une conception religieuse empreinte de superstition et de peur.

Il faut bien comprendre que l'injonction faite aux femmes de se voiler entièrement en portant le *niqab* ou la *burqa* est loin d'être la lubie fantaisiste de quelques époux jaloux. Il s'agit d'un élément constitutif d'une idéologie obscurantiste, mortifère et totalitaire fondée sur la domination masculine et prenant la femme pour bouc émissaire, allant jusqu'à remettre en cause son droit d'exister en dehors du rôle de ventre porteur d'hommes martyrs auquel il l'assigne. Mohamed Charfi peut ainsi affirmer, dans son livre *Islam et liberté. Le malentendu historique*, que les islamistes ont une revendication, l'application de la *charia*, et deux phobies : l'Occident et la femme[1].

Au lieu d'essayer de contrôler, de soigner leurs phobies, les islamistes préfèrent contrôler l'objet de celles-ci : le corps et la vie de la femme. Ainsi, pour bien ancrer dans l'esprit collectif et dans son propre imaginaire le bannissement de la femme de la vie sociale et l'exclusion de toute possibilité pour elle d'avoir une existence et un rôle en tant qu'individu sujet de droits, il faut rendre son corps invisible dans l'espace public. Dans l'espace domestique, elle doit se faire discrète et être au service des hommes. Pour bien comprendre cela, j'aimerais revenir de manière concrète sur le discours des leaders du FIS durant la période de la « décennie noire » en Algérie (1991-2002).

Le discours des intégristes est un discours totalitaire et essentialiste. S'il y a une seule femme sorcière, elles le deviennent toutes. S'il y a une seule femme adultère, elles deviennent toutes des prostituées pratiquant la *zinâ*, la fornication à large échelle. S'il y a une seule femme qui a abandonné son enfant retrouvé mort, elles deviennent toutes des femmes pratiquant l'infanticide. Cela est vrai pour toutes les femmes, sauf pour celles qu'ils ont décidé de blanchir, car elles se soumettent à leur idéologie, à leur islam. Hors de la sphère islamiste, la femme n'est plus une femme, elle est déshumanisée. Elle est en outre sortie de l'islam et « son sang est alors permis », elle peut être tuée comme apostate.

En Algérie, ces mouvements ont profité de la faiblesse du Code de la famille, qui fait de la femme une mineure à vie. Cette faiblesse trouve son origine dans la même source, la jurisprudence musulmane : en effet, en Algérie, le Code de la famille qui régit le statut personnel trouve son origine dans le droit musulman médiéval, contrairement aux autres branches du droit qui trouvent leur source dans le Code napoléonien, hérité de la présence coloniale. Essayons d'analyser quelques échantillons des discours des leaders du FIS[2]. Ainsi, à propos de la domination totale de l'homme sur la femme et de l'excommunication de celles qui ne soutiennent pas l'idéologie islamiste : « Un État islamique doit être dirigé par un mâle. Les femmes ne doivent pas se mêler de politique. À présent en Algérie, à la femme, on a donné plus d'importance que ce qu'elles méritent. Je vois les femmes musulmanes, je sais qu'au fond d'elles-mêmes elles m'envoient des bénédictions : "Qu'Allah te glorifie pour ce que tu dis", parce qu'elles sont musulmanes. Je ne parle pas des autres qui ne sont pas musulmanes, c'est-à-dire celles qui ne sont pas du Front islamique du salut. »

L'intégrisme islamiste a fait de la femme un objet et une esclave sexuelle, avec des pratiques d'une violence physique et psychologique inouïe. Les femmes et les jeunes filles rescapées des rapts témoignent : le premier acte des émirs du GIA (Groupe islamique armé) et de l'AIS (Armée islamique du salut), ou de leurs lieutenants, c'est de leur arracher leurs vêtements et de substituer à leurs prénoms des noms d'objets : table, assiette, godasse, torchon puant, cuillère... Ce que les prêcheurs théorisent dans leurs discours est mis en œuvre par le guerrier, ainsi la femme est méprisée, abaissée, chosifiée.

Toujours selon le même prédicateur : « La meilleure, le plus étonnant, c'est lorsque tu vois une sorcière, une voyante qui a une maison, une licence d'exercer et qui est inscrite au registre du commerce. Eh ! Elle a un registre du commerce et la législation la protège. Elle paie des impôts ! Si tu vas lui dire : "Ceci est un péché, du polythéisme" et que tu lui donnes quelques gifles par exemple, oh là là ! tout le monde se dressera contre toi. "Gloire à Allah !" Où est l'État islamique ? Cela s'appelle polythéisme ! Le sort réservé à une sorcière est un coup de sabre. »

Par ailleurs, la femme est toujours mise au centre du péché de *zinâ* et la mixité en est la cause. Il affirme : « Les femmes sortent à présent de leurs maisons et travaillent à l'extérieur, cela ne s'est pas passé sous la colonisation. À présent, le pouvoir algérien leur a donné des droits et a même légiféré pour qu'elles puissent nous gifler. » On fait appel aux pires raccourcis et amalgames pour légitimer la menace de la sanction suprême et faire régner la terreur. « Cent coups de fouet à celui qui pratique l'adultère, alors que l'on permet des maisons closes. Si l'on veut appliquer la *sharia*, il n'y aura plus de maisons de débauche, plus de mixité dans les écoles, ni dans les universités. Je ne peux pas condamner quelqu'un à la flagellation pour cause d'adultère, alors que la mixité est permise dans les écoles ! » Ainsi la mixité dans les écoles et universités est-elle apparentée à la débauche dans les maisons closes, tout en insistant sur cette idée que l'homme qui commet un péché y est systématiquement conduit par la femme. Toutes les femmes sont potentiellement des tueuses d'enfants : « [...] et ces enfants jetés dans les rues ? N'a-t-on pas trouvé un nourrisson tué et jeté près d'une école ? [...] D'où cela provient-il ? Si ce n'est de la mixité ? Elles tuent et égorgent [...] Aujourd'hui, elles ne tuent plus. Elles prennent la pilule [...]. Elles peuvent forniquer comme elles l'entendent à présent. » Pour ces prédicateurs, la Constitution de l'État algérien, et donc de tout État sous sa forme moderne, en accordant des droits aux femmes, les prostitue, d'où l'urgence du retour à l'État islamique.

Pour les islamistes, les femmes ne sont dignes de respect que si elles sont « silencieuses, obéissantes, voilées, calfeutrées dans leur domicile ou à la mosquée, mères de famille, enceintes tous les ans, procréant des petits garçons, grâce à Allah. » Elles ne doivent pas être comme « ces folles et catins », c'est-à-dire toute femme qui s'habille normalement, travaille et ne rejette pas la modernité. Khomeiny avait ouvert la voie, dix ans auparavant, en déclarant que les femmes vont nues au travail, en parlant des femmes non voilées ! Au-delà de leur aspect anecdotique, ces extraits de discours permettent de comprendre concrètement comment les intégristes usent d'une rhétorique bien rodée, ponctuée de versets coraniques et de citations attribuées au Prophète pour s'envelopper du manteau du sacré. Tout cela pour endormir la vigilance de l'auditoire et le rendre perméable à toutes sortes de manipulations. De surcroît, ce public est qualifié d'élite, choisie par Allah pour sauver le monde ; car à partir du moment où l'on se retrouve dans une mosquée, on est forcément choisi et guidé. Sans scrupule, ni foi ni loi, ces criminels sont allés jusqu'à dessiner le nom d'ALLAH dans le ciel d'Alger au moyen d'un laser, pour faire croire au message miraculeux adressé aux fidèles des mosquées de Kouba et de Bab el-Oued.

Ce que je viens d'évoquer n'est qu'un aperçu infime du contexte dans lequel s'insère l'apparition, dans l'Algérie de mon adolescence, des premiers voiles qu'on appelle alors « islamistes » et qui deviendront par la suite « islamiques » tout court. À l'époque, comme beaucoup de musulmanes de bonne foi, je me suis posé la question : dois-je porter le voile pour plaire à mon Seigneur ? Ne suis-je pas une mauvaise musulmane si je ne le porte pas ? Car ces criminels avaient réussi à nous faire croire qu'ils étaient les détenteurs du « vrai islam » et que nous n'étions que des musulmans tièdes et médiocres si nous ne suivions pas le même chemin qu'eux. Ils avaient fini par nous déposséder de notre religion, allant jusqu'à créer une sorte d'amnésie sur le passé musulman de l'Algérie et du Maghreb pour nous faire croire que le vrai islam était d'abord celui des Frères musulmans égyptiens, ensuite celui des salafistes-wahhabites d'Arabie saoudite ! C'est ainsi que des générations entières ont été « biberonnées » aux discours du cheikh égyptien Mohammed al-Ghazali (1917-1996), diffusés massivement sur les écrans de l'unique chaîne de télévision nationale algérienne. À croire que l'Algérie n'a jamais produit d'intellectuels ou de théologiens dignes d'être la référence religieuse légitime pour leur pays… Pourtant, à la même époque, un enfant de l'Algérie, Mohammed Arkoun, était un des plus grands savants et islamologues, reconnu par les plus grandes universités du monde, un immense penseur adulé ailleurs et banni dans son propre pays. Encore, pour l'Algérie, un rendez-vous raté avec l'histoire, avec sa propre histoire.

À deux reprises, lors de séminaires organisés en Algérie sur la pensée islamique, Mohammed Arkoun a été traité par des Frères musulmans de *kâfer*, « mécréant » – ce qui, il faut bien en prendre conscience, équivaut à une condamnation à mort. La première fois, en 1980, dans une salle de l'hôtel Aurassi à Alger, il monta sur l'estrade, salua poliment l'auditoire et commença son exposé. Au bout de cinq minutes, le professeur fut interrompu par les sifflets et les cris des « fréristes » : « *Kâfer, kâfer, hadha mouch islam, hadha kofr* », « Mécréant, mécréant, ceci n'est pas l'islam, ceci est mécréance ». Les chefs de file des Frères musulmans, Youcef al-Qaradhâwî et Mohammed al-Ghazali et leurs disciples, se levèrent et crièrent : « *Akhrigûh, akhrigû al-kâfer !* », « Faites-le sortir, faites sortir le mécréant ! » Le professeur Arkoun, ayant tout compris, sortit de la salle en silence, les larmes aux joues, un sanglot étranglant sa voix[3]. Il ne s'attendait probablement pas à un tel refus de la science, ni à être traité de mécréant alors qu'il voulait généreusement apporter un éclairage par les sciences humaines et sociales à cette religion qui était en train de sombrer, d'agoniser dans l'obscurité de l'ignorance. Quel dommage que l'Algérie n'ait pas su saisir la main tendue d'un de ses fils, un éminent penseur, père de l'islamologie contemporaine, une ressource incontournable pour la recherche scientifique contemporaine et le renouvellement de la pensée musulmane.

C'est dans ce contexte que le *hijab* islamiste a fait son apparition en Algérie, dans les années 1990. La femme algérienne s'était affranchie du *haïk* traditionnel, grand voile blanc couvrant tout le corps et porté par les femmes de la génération de ma grand-mère. Ces dernières s'étaient montrées très satisfaites que leurs filles et petites-filles en soient libérées. Ma grand-mère m'a toujours dit : « Je suis heureuse que vous, les filles de votre génération, ne subissiez pas le même sort que nous » ; c'est pour la même raison qu'elle m'a toujours encouragée à poursuivre des études supérieures. Elle était consciente que c'était la seule façon d'échapper au joug patriarcal. « Comme j'aurais aimé faire des études ! », me disait-elle. Elle n'avait pas pu : quand elle avait mon âge, les « indigènes » n'allaient pas à l'école. Sa génération a non seulement connu le poids écrasant du patriarcat mais aussi l'injustice du système colonial. Je n'ai jamais compris pourquoi mon pays natal, la France, a produit les Lumières sur son propre sol et commis les pires injustices à l'extérieur ! Et que l'on ne vienne pas me parler de la « mission civilisatrice » de la France dans ses colonies comme certains s'aventurent à le faire…

Ce *hijab*, on l'aura compris, charrie en moi des souvenirs très douloureux ; il est pour moi synonyme de terreur et d'oppression. Pour toutes ces raisons, je n'arrive pas à le défendre ; je n'arrive pas à y voir un simple bout de tissu, ni un accessoire de mode. Il est à mes yeux trop entaché de sang, de haine et d'exclusion du genre féminin. L'idéologie qui l'a enfanté a tué trop de musulmanes et de musulmans et elle est sur le point de tuer l'islam dont elle est le pire dévoiement.

Pour bien comprendre les tenants et aboutissants de la question du voile – que l'on appelle à tort, mais non sans arrière-pensées, le *hijâb* – et comment il est progressivement devenu comme le sixième pilier de l'islam et son symbole par excellence, je me suis attachée à revenir à ce qu'en dit le Coran. Trois ou quatre versets coraniques sont utilisés comme source pour conclure à l'obligation de porter le voile.

Le mot *hijâb* a un champ sémantique polysémique beaucoup plus large que « voile ». Il signifie « dérober au regard, cacher » ; par extension, il peut désigner un rideau, un écran, une paroi de séparation, ainsi qu'on le voit dans le verset 33 : 53 : « Ô vous qui croyez ! N'entrez pas dans les demeures du Prophète, à moins qu'invitation ne vous soit faite à un repas, sans être là à attendre sa cuisson. Mais lorsqu'on vous appelle, alors, entrez. Puis, quand vous aurez mangé, dispersez-vous, sans chercher à vous rendre familiers pour causer. Cela faisait de la peine au Prophète, mais il se gênait de vous [congédier], alors que Dieu ne se gêne pas de la vérité. Et si vous leur demandez [à ses femmes] quelque objet, demandez-le-leur derrière un *hijâb* : c'est plus pur pour vos cœurs et leurs cœurs ; vous ne devez pas faire de la peine au Messager de Dieu, ni jamais vous marier avec ses épouses après lui ; ce serait, auprès de Dieu, un énorme péché. » Il s'agit bien évidemment dans ce verset d'un rideau ou d'une séparation, dans son sens global : ce texte invite les croyants à ne pas importuner les épouses du Prophète qui étaient très sollicitées car sa maison, qui se trouvait dans la mosquée, était très fréquentée et subissait un afflux de fidèles incessant.

Les autres versets qu'on invoque généralement pour justifier l'obligation du voile ne contiennent en réalité pas le mot *hijâb*[4]. Celui qui est le plus souvent rapporté est le verset 24 : 31 : « Et dis aux croyantes de baisser leurs regards, de garder leur chasteté, et de ne montrer de leurs atours que ce qui en paraît et qu'elles couvrent de leurs étoffes (*khumûr*) leurs décolletés (*juyûb*) ; et qu'elles ne montrent leurs atours qu'à leurs maris, ou leurs pères, ou aux pères de leurs maris, ou à leurs fils, ou aux fils de leurs maris... » On peut constater en lisant ce verset qu'il est centré sur les rapports moraux et qu'il recommande globalement un comportement pudique aux croyantes en leur conseillant de recouvrir leurs décolletés. Le texte n'évoque en aucun cas l'obligation de se couvrir la tête ou les cheveux. Toutefois, nous observons que dans la littérature exégétique, une évolution interprétative, avec un éloignement plus ou moins important du texte, s'est opérée tout au long de l'histoire. L'imam Mâlik[5] (m. 795), fondateur de la plus ancienne école juridique, n'aborde pas dans son ouvrage de référence *Al-Muwattâ'* la question du voile mais définit ainsi la notion de pudeur de la femme : « La femme, lorsqu'elle sort, ne doit pas porter de vêtements trop fins qui montreraient ses formes. » Ce grand savant, fondateur du droit musulman, n'ignorait certainement pas les prescriptions coraniques, pas plus qu'il ne voulait passer outre : pourtant, pour lui, la pudeur ne passait pas par le voile.

Une étude exhaustive des exégèses classiques du Coran montre que les commentateurs s'attachaient surtout au début de verset, qui recommande aux croyantes de baisser leurs regards. Mais comme l'explique le docteur Al-Ajami[6], « à l'heure actuelle, le jeu des traductions et la modification des normes coutumières en usage font que l'enjeu exégétique s'est déplacé sur un autre segment pour lequel il a semblé plus facile d'imposer au texte le voile, "et qu'elles couvrent de leurs étoffes (*khumûr*) leurs décolletés (*juyûb*)" ». Ils ont ainsi traduit le mot *khumûr* par « voile », alors que ce n'est pas le mot utilisé dans le texte coranique en arabe, et le mot *juyûb* par « poitrines » alors que le sens mot coranique *juyûb* est beaucoup plus restreint puisqu'il signifie « l'échancrure de la poitrine, la naissance des seins », un sens mieux rendu par le terme de « décolleté ».

Le mot-clé est donc le mot *khumûr*. Passons rapidement sur les explications farfelues qui rattachent le *khimâr* (singulier de *khumûr*) au mot *khamr*, « vin », pour inventer que le vin ayant un effet enivrant sur les facultés mentales, dont le siège est la tête, il faudrait en déduire que c'est la tête qui doit être couverte... Les significations de *khimâr* ont varié à travers le temps. Al-Isfahânî, au v^e^ siècle de l'hégire, dans son dictionnaire des termes rares du Coran, tout en lui donnant le sens de « ce qui sert à dérober aux regards », précise que ce sens n'était pas connu de l'imam Mâlik vers la fin du II^e^ siècle de l'hégire. Tabari, au III^e^ siècle de l'hégire, témoigne de l'opinion des exégètes qui souhaitaient que les femmes couvrent leur chevelure. Pour rendre vraisemblable leur point de vue, nombre d'entre eux affirmaient que les femmes arabes avant l'islam portaient un morceau de tissu sur la tête dont elles laissaient les deux pans tomber sur les côtés derrière elles, ajoutant que les femmes en ces temps-là se promenaient les seins nus, raison pour laquelle le Coran a ordonné qu'elles rabattent ces deux pans sur leur poitrine. Ce qui, convenons-en, semble complètement invraisemblable... De plus, si tel était vraiment le cas, le Coran aurait plutôt ordonné qu'elles couvrent leur poitrine ; le verset parle de l'échancrure des vêtements, du décolleté, ce qui veut dire qu'elles se couvraient déjà les seins.

En revanche, plusieurs recueils de jurisprudence musulmane et bien d'autres sources écrites affirment que les femmes esclaves ne se couvraient pas les seins, et l'avis majoritaire des écoles juridiques établit que la femme esclave n'a aucune obligation de se couvrir le torse. Dans son *Livre de la jurisprudence islamique selon les quatre écoles juridiques* (*Kitâb al-fiqh ʿalâ al-madhâhib al-'arba'a*), Abderrahman al-Jazîrî (1882-1941) mentionne ainsi les avis des écoles juridiques selon lesquels la *ʿawrah*, les parties intimes qui doivent être couvertes pendant la prière, sont les mêmes pour l'homme que pour la femme esclave, à savoir tout ce qui se trouve entre le nombril et les genoux[7]. Autrement dit, la femme esclave, même pendant la prière, n'a aucune obligation de cacher ses seins. Il apparaît donc bien que les femmes libres, à la différence des esclaves, se couvraient la poitrine avant que l'injonction du verset ne vienne prescrire qu'elles recouvrent également leur décolleté de leur *khimâr*. Ce même *khimâr*, selon les commentateurs classiques du Coran, n'avait alors qu'un rôle ornemental et n'avait pas pour fonction de couvrir les cheveux. S'il s'était agi de prescrire le « voile islamique », il aurait par conséquent fallu que le Coran précise expressément que la chevelure doit être cachée, ce qui n'est pas le cas. Est *khimâr* tout ce qui permet de couvrir le décolleté, sans chercher à présumer de quel vêtement il s'agit précisément. La traduction du mot *khimâr* par voile n'est qu'un glissement sémantique intentionnel qui vise à semer la confusion afin de mieux manipuler les esprits.

On recourt encore à un autre verset, le 33 : 59 : « Ô Prophète ! Dis à tes épouses, à tes filles et aux femmes des croyants de tirer à elles (*yudnîn*) les pans de leurs vêtements de dessus (*jalâbîb*). Ceci est plus à même à ce qu'elles soient reconnues et à ce qu'on ne les offense point. Dieu est Tout de pardon et de miséricorde. » La traduction standard qui est faite du mot *jalâbîb* (pluriel de *jilbâb*) est « grand voile », ce qui a conduit à la création tardive et contemporaine de l'uniforme que nous connaissons aujourd'hui sous ce nom. Or cette traduction est erronée autant qu'orientée. Le texte coranique ne cherche pas à définir dans les moindres détails la tenue de la musulmane et les définitions de ce terme sont très variées dans la littérature exégétique, allant de la simple pièce d'étoffe au grand manteau fin, en passant par la chemise courte ou longue, la robe et le voile, l'idée commune à toutes étant qu'on parle d'une sorte de manteau qu'on mettait par-dessus les vêtements et qui n'était pas cousu sur le devant, puisqu'il fallait le tirer sur soi.

D'un point de vue sémantique, le segment de phrase « tirer à elles les pans (*yudnîn*) de leurs vêtements de dessus (*jalâbîb*) » nous renseigne sur le contexte de cette injonction coranique. Il s'agit à l'évidence de comportements déplacés – voire d'agressions sexuelles et de viols – que subissaient les musulmanes de Médine à cause de leur tenue vestimentaire, notamment, nous disent les exégètes, lorsqu'elles se rendaient la nuit aux toilettes à l'extérieur de leur maison. Certains ont voulu voir dans ce texte la volonté de protéger les femmes libres tout en continuant d'autoriser le viol des esclaves. Cela semble cependant complètement contraire à l'éthique du texte coranique et au message du prophète Muhammad, qui appelle l'être humain à la vertu sans distinction de genre : « Dis aux croyants qu'ils refrènent certains regards et qu'ils soient chastes ; voilà ce qui est pour eux le plus décent ! Dieu, certes, est parfaitement informé de ce qu'ils font » (24 : 30), dit le verset qui, s'exprimant au masculin, s'adresse à tous les croyants, y compris les hommes. Les hommes aussi sont enjoints à baisser le regard lorsqu'ils se trouvent devant une situation qui suscite pour eux la tentation, et la tenue vestimentaire d'une femme, d'après le Coran, n'est en aucun cas un prétexte pour lui manquer de respect ou l'importuner.

Si l'on poursuit la lecture de la sourate, le verset suivant (33 : 60) nous renseigne sur les motifs politiques du harcèlement subi par les musulmanes de Médine : il était le fait, non pas de violeurs, mais des « hypocrites (*munâfiqûn*), [de] ceux qui ont le cœur malade et [d]es colporteurs de nouvelles malveillantes ». Nous ne pouvons donc pas conclure que la recommandation du verset 59 avait une portée générale qui aurait pour objet de dicter la tenue recommandée aux musulmanes : elle était adressée seulement aux « épouses » et aux « filles » du Prophète ainsi qu'aux « femmes des croyants » de Médine dans des circonstances bien particulières. Ainsi, le fait de « tirer à elles les pans de leurs vêtements de dessus » était destiné à ce « qu'elles soient reconnues et à ce qu'on ne les offense pas ». Cela nous amène logiquement à déduire que, dans les circonstances normales, les femmes de Médine n'étaient *pas* totalement couvertes.

J'aimerais revenir sur un point qui me tient à cœur concernant le voile, celui de ses origines. Rappeler et réaffirmer que le voile n'a pas été inventé avec l'avènement de l'islam est une absolue nécessité. Il existait dans le Moyen-Orient antique, notamment chez les Babyloniens et les Assyriens, mais aussi chez les Grecs. Certaines interprétations de la loi talmudique imposent aux femmes juives de couvrir leur chevelure et Paul, dans le Nouveau Testament, enjoint les femmes chrétiennes à faire de même. Le voile ne saurait dès lors en aucun cas être le symbole exclusif de l'islam ni son étendard politique, fonction que beaucoup veulent lui attribuer aujourd'hui avec force, envers et malgré l'histoire. D'un côté les islamistes et leur projet politique de réislamisation fondé sur une dichotomie femmes/hommes ont fait du voile la solution, et progressivement un quasi-pilier de l'islam, le faisant évoluer d'un voile islamiste à un voile islamique et musulman. De l'autre, certains courants politiques sécularisés ont très bien compris l'intérêt qu'ils ont à agiter ce bout de tissu dans l'arène politique comme un chiffon rouge ; parfois de bonne foi, ils commettent cependant l'erreur de renforcer le jeu de manipulation des intégristes, en soutenant l'idée que le foulard est le symbole de l'islam. Au lendemain des attentats de Christchurch, le soutien aux musulmans n'a su s'exprimer qu'à travers le voile que la Première ministre néo-zélandaise a porté lors des funérailles nationales des victimes. C'est dire à quel point la propagande islamiste a réussi à imposer l'islamisme comme la norme de l'Islam.

Si j'ai tenu à ici analyser mon rapport au voile islamiste, résultat de mon expérience et de mon parcours que je partage probablement avec beaucoup d'autres personnes, je tiens également à affirmer que le respect de la liberté individuelle, assurée et protégée par notre démocratie, est un principe que nous ne saurions remettre en cause. Pour cette raison et pour d'autres, je respecte totalement le choix de chaque femme de se vêtir comme elle le souhaite, qu'elle décide de porter le voile ou pas. Je m'impose cette conduite et cette attitude car j'ai également conscience que rien ne devrait permettre à quiconque de projeter ses propres peurs et expériences négatives ou positives sur les autres et le sens qu'ils entendent donner à leurs choix de vie. Cela est également valable pour le port du voile. Si nous ne devons jamais oublier qu'il n'est pas librement consenti par beaucoup de femmes dans le monde, notamment en Iran et en Arabie saoudite mais pas seulement, il est pour bien d'autres un véritable choix. Il serait donc juste de rendre compte d'une autre réalité :

celle de ces femmes musulmanes, souvent très éduquées, autonomes et indépendantes ayant opté pour le port du voile en lui donnant un sens qui se démarque de la rhétorique islamiste habituelle. Ces femmes se l'approprient en le sortant du système patriarcal et revendiquent un acte volontaire, une décision prise en toute liberté et à laquelle elles donnent un sens spirituel. Le voile est de fait polysémique : différentes femmes lui confèrent une signification autre, même si l'on peut se poser la question de la possibilité de la construction subjective d'un tel sens sans prendre en compte le contexte culturel plus large ainsi que la pression sociale. Cependant, pour avoir côtoyé et lu certaines d'entre elles, comme Amina Wadud, imame, professeure d'études islamiques aux États-Unis, spécialiste de l'exégèse coranique et figure de proue de l'islam libéral, je ne peux sérieusement soutenir que son choix n'est pas éclairé ; d'autant plus qu'elle affirme avec force et conviction que le voile n'est pas une obligation religieuse.

TROISIÈME PARTIE

# POUR UN ISLAM SPIRITUEL

Lorsqu'on analyse ce qui caractérise le vécu religieux musulman aujourd'hui, les mots « formalisme » et « normativité » sont les premiers qui s'imposent, au détriment du sens. Les fanatiques fondamentalistes mettent un point d'honneur à montrer extérieurement leur religiosité par le vêtement, le voile, la barbe, allant parfois jusqu'à se créer volontairement des cals sur le front et le cou-de-pied, en signe du temps passé en prosternation. C'est également pour eux une façon de se démarquer non seulement des non-musulmans, mais aussi des autres musulmans, qu'ils considèrent comme éloignés de la religion. Ce formalisme s'est tellement diffusé à une large échelle dans l'islam traditionnel qu'on a fini par nous faire croire que l'islam n'était que cela, qu'il avait toujours présenté ce seul visage.

Les courants exotériques et littéralistes, domaine des juristes, des traditionnistes et des gens du *kalâm* (théologie rationnelle), ont toujours été les plus normatifs et exclusifs. En s'attachant aux aspects formels des doctrines religieuses, ceux-ci n'arrivent pas à saisir leur sens profond et en viennent à les mettre en opposition jusqu'à nier toute forme de rédemption aux croyances qui sont différentes des leurs, que ce soit à l'intérieur ou à l'extérieur de l'islam. Les savants religieux se sont répartis à cet égard en deux tendances opposées. Les uns ont une approche inclusive et invoquent les versets coraniques qui appellent au respect et à la reconnaissance des autres religions, les autres ont une approche exclusive et s'appuient sur les versets rigoristes qui critiquent certaines pratiques ou croyances spécifiques des incrédules, des polythéistes, des juifs ou des chrétiens. Une longue controverse a jalonné l'histoire de la pensée musulmane à ce sujet.

J'ai connu l'expression la plus virulente de cette lecture en Algérie durant la décennie noire avec un basculement vers l'action violente armée dans les années 1990. Ce fut pour moi un contraste choquant, alors que j'avais toujours connu un modèle familial empreint de beaucoup de respect et d'une véritable amitié entre mes grands-parents, musulmans du côté paternel, juif et chrétien du côté maternel et de manière plus large entre les oncles, les tantes et les cousins des deux familles algérienne et française. J'ai toujours connu un accueil chaleureux et respectueux des croyances et pratiques religieuses de l'autre. Mes grands-parents français venaient passer des mois entiers en Algérie, notamment durant le mois de Ramadan, vivant au rythme des journées de jeûne et d'abstention et des veillées nocturnes animées. De l'autre côté, tout le monde acceptait naturellement leur appartenance religieuse qui leur donnait le droit de boire et de manger en plein jour, même s'ils le faisaient pour leur part avec discrétion et respect.

Je me rappelle également la compassion de mes oncles et les larmes qui coulaient sur les joues de mes tantes en Algérie lors des rares fois où ma grand-mère Rachel s'est livrée sur son histoire familiale, elle qui avait dû fuir les nazis avec sa mère en se cachant dans des poubelles pour avoir la vie sauve. Dans ces années-là, la découverte de la Shoah représentait souvent un vrai choc pour les Maghrébins, qui avaient du mal à s'imaginer qu'une telle horreur ait pu se produire dans l'histoire de l'humanité à l'encontre d'un peuple, *a fortiori* en raison de son appartenance religieuse. Force est de constater qu'aujourd'hui cet ordre des choses s'est malheureusement inversé… Les intégristes religieux ont appris aux jeunes générations qu'il fallait se faire un devoir de haïr son voisin s'il n'est pas musulman.

Cette question du pluralisme et de la diversité religieuse m'a préoccupée depuis mon jeune âge. Entendre les fondamentalistes affirmer que le salut dans l'au-delà était réservé aux seuls musulmans, et seulement à ceux qui pratiquaient le même islam qu'eux, n'était pour moi pas soutenable. Quelle serait cette justice divine qui refuserait le salut à Mère Teresa ou à l'abbé Pierre ? C'est pourquoi je me suis attelée, dès le début de mes travaux de recherche, à identifier et à étudier les penseurs de l'islam qui se sont exprimés en faveur du pluralisme religieux et du salut universel. La grande majorité d'entre eux étaient des mystiques soufis.

En effet, le soufisme, courant spirituel de l'islam, a globalement une opinion favorable des autres religions en raison de sa vision libérale. Il accorde en outre une importance primordiale à l'expérience intérieure de chaque individu et privilégie une approche relativement non dogmatique de la religion musulmane. Les musulmans non soufis considèrent que la religion appartient principalement au domaine de l'action et de ce qui la régit, en insistant sur l'aspect normatif de la *sharia* et mettent l'accent sur la responsabilité individuelle et collective vis-à-vis de Dieu ; d'un point de vue théologique, cela aboutit à une vision de Dieu qui met l'accent sur Sa transcendance et Sa rigueur.

En revanche, le musulman soufi considère que la religion est avant tout une attitude intérieure emplie d'amour et de compassion. Il accorde une plus grande importance à ce qui crée des liens, ce qui le conduit à mettre plutôt l'accent sur l'immanence, la miséricorde et l'amour divins. Certains courants intégristes ne se contentent d'ailleurs pas de déclarer l'islam comme supérieur aux autres traditions religieuses : ils considèrent tous les non-musulmans, qu'ils soient juifs, chrétiens, ou adeptes d'autres religions, comme des incroyants condamnés au feu de l'enfer et vont jusqu'à rejeter hors de l'islam tous ceux qui n'ont pas les mêmes opinions qu'eux, en particulier les soufis…

Le Coran, qui se présente comme l'ultime révélation, reconnaît en même temps de manière explicite l'héritage des messages antérieurs et les reprend en enjoignant le musulman à croire aux révélations et aux prophètes envoyés par Dieu, sans qu'aucun ne soit préféré à un autre : « Dites : "Nous croyons en Dieu, à ce qui a été révélé à Abraham, à Isaac, à Jacob et aux tribus ; à ce qui a été donné à Moïse et à Jésus ; à ce qui a été donné aux prophètes, de la part de leur Seigneur. Nous n'avons de préférence pour aucun d'entre eux ; nous sommes soumis à Dieu" » (2 : 136). Dans un autre verset, il est mentionné que Dieu rétribuera tous les croyants pour leur foi dans leur propre religion et qu'il n'y a aucune inquiétude à avoir pour eux : « Ceux qui croient, ceux qui pratiquent le judaïsme, ceux qui sont chrétiens ou sabéens, ceux qui croient en Dieu et au Jour dernier, ceux qui font le bien : voilà ceux qui trouveront une récompense auprès de leur Seigneur. Ils n'éprouveront alors plus aucune crainte, et ne seront pas affligés » (2 : 62).

La tradition prophétique confirme à son tour l'universalisme de la révélation : « Nous autres, prophètes, sommes tous les fils d'une même famille ; notre religion est unique[1]. »

Le prophète Muhammad lui-même portait une attention particulière aux relations avec les adeptes des autres religions et était intransigeant quant à leur respect de la part des musulmans : « Quiconque fait du mal à un chrétien ou à un juif sera mon ennemi le jour du Jugement[2]. »

Par la suite, les enjeux politiques, économiques et les croisades ont mis à mal les idéaux islamiques en la matière. Les savants exotéristes ont restreint cette perspective d'ouverture : pour eux, la loi islamique abrogeait les lois révélées antérieurement, les religions qui en émanaient étaient caduques. De là, des polémiques dogmatiques interminables sont nées, entre chrétiens et musulmans mais aussi entre juifs et musulmans. Pour autant, il y a toujours eu parmi les savants musulmans des esprits porteurs d'une conscience universelle.

Muhyi al-Dîn Ibn 'Arabî, connu sous le nom d'*al-Cheikh al-Akbar* ou « le plus grand maître », est probablement le penseur le plus influent de la seconde moitié de l'histoire du monde musulman. Il a souvent été considéré par ses pairs et jusqu'à ce jour comme un partisan du pluralisme religieux.

La perspective mystique et spirituelle dans laquelle il aborde ce dernier est liée à sa vision du rôle de l'être humain au sein du cosmos, qui lui-même n'est qu'un aspect d'une Réalité ultime qui unifie toute l'existence, ce qui confère une dimension morale à la fois à l'activité humaine et au monde naturel. Il ne se contente pas de défendre l'ouverture aux autres religions mais va au-delà : il proclame la *nécessité* de la diversité religieuse en développant un système de pensée d'une rare profondeur, porteur d'une vision holistique du réel. Partout, les réponses qu'il apporte sont cohérentes avec cette vision du monde qui, par définition, ne peut rien laisser hors champ : tout ce qui existe, y compris l'incroyance, a sa dignité propre dans la mesure où elle est l'expression du Divin qui sous-tend toute réalité[3].

Ibn 'Arabî considère que le but de la religion est la réalisation de la perfection humaine et que les prophètes sont une source de guidance, des modèles qui établissent divers paradigmes de perfection pour acquérir une vraie connaissance de Dieu. L'islam est certes pour lui l'expression ultime et la plus accomplie de cette volonté divine, mais il n'invalide pas pour autant les autres. La diversité des voies formulées par les religions et les exigences spécifiques de chacune d'entre elles sont absolument nécessaires pour le bien-être des êtres humains et du cosmos dans son ensemble. Tout cela, comme on va le voir, le Cheikh ne l'affirme pas d'une manière « philosophique », mais à partir d'une lecture exigeante de la lettre du Coran. Contre ceux qui voudraient présenter la pensée d'Ibn 'Arabî comme une pensée « hors sol », tirée d'expériences visionnaires sans fondement dans la religion traditionnelle, il est crucial de rappeler sans cesse que son œuvre est tout entière fondée sur une approche intégrative de tous les aspects de la tradition islamique, de la *sharia* à la mystique et la métaphysique, mais toujours en restant au plus près du texte coranique et d'une fidélité rigoureuse à sa syntaxe et à son vocabulaire. Il n'y a pas chez lui de divorce possible entre le sens « intérieur » et le sens obvie de la lettre. Cette lecture ouverte sur l'universel développée à partir d'une approche littérale du texte fondateur de l'islam soulève bien des questions quand on constate l'orientation exclusiviste et le repli sur soi qui font la triste actualité de l'islam aujourd'hui…

# 11

# L'unicité, au-delà du dogme, une attitude spirituelle universelle

*Un groupe soutient l'unicité du Dieu*
*Et l'unicité de beaucoup est l'existence*
*De Ses plus beaux noms, nous savons*
*Que Dieu fait ce qu'Il veut*
*Par nous, Il est le Dieu*
*et en Lui nous sommes nous*
*Il est le Seigneur*
*et nous sommes Ses serviteurs*[1].

Ce qu'on appelle « cosmologie » chez Ibn 'Arabî ne se restreint pas à la définition moderne de la cosmologie qui est « la science, la théorie ou l'étude de l'univers en tant que système ordonné et des lois qui le gouvernent[2] ».

Pour lui, l'être humain fait partie de cet univers et ne peut donc pas se contenter d'un regard « extérieur » sur celui-ci. Il n'y a pas d'un côté le monde et de l'autre, l'homme. Toute connaissance objective est impossible si elle n'intègre pas simultanément la connaissance « subjective ». Par celle-ci, il ne faut pas entendre une vision livrée au caprice de l'individu, mais au contraire une connaissance lucide de soi, de la nature humaine et de sa place dans le cosmos. La cosmologie d'Ibn 'Arabî est en outre une cosmologie prophétique : enracinée dans le monde visible, elle est confirmée par le Coran et le *hadîth*[3]. Elle est enfin fondée sur la notion primordiale de l'Unicité divine ou *tawhîd*, dont va à son tour découler une vision pluraliste des religions.

Le *tawhîd* est exprimé par la première partie de la *shahâda* ou profession de foi musulmane, « il n'y a de dieu que Dieu », en arabe *Lâ ilâha ilâ Allâh.* Il faut tout de suite préciser que cette première partie de la *shahâda* n'est pas spécifique au message du prophète Muhammad mais est commune à tous les prophètes : « Et Nous n'avons envoyé avant toi aucun Messager à qui Nous n'ayons révélé : "Point de divinité en dehors de Moi. Adorez-Moi donc" » (21 : 25). La difficulté majeure qui se pose à un lecteur non musulman est de comprendre ce qui est entendu ici par « dieu » ou « divinité » (*ilâha*) et « Dieu » ou « Allâh ». Traduire, comme on le voit souvent, « il n'y a de dieu qu'Allâh » induit un contresens total qui fait d'Allâh le nom propre du dieu des seuls musulmans, comme Shiva ou Vishnou sont les dieux des hindouistes ou Apollon un dieu grec. Ibn 'Arabî est assurément notre meilleur guide pour dissiper ces malentendus et nous aider à comprendre les relations qui relient l'être humain comme microcosme, l'univers comme macrocosme et Dieu comme « métacosme ».

### *Dieu comme métacosme*

« Métacosme » est un néologisme qui exprime que si Dieu n'est pas identique au monde (ce qui serait un panthéisme, thèse que l'on attribue souvent à Ibn 'Arabî, à tort et en général pour jeter le discrédit sur sa pensée), il est le fondement ultime de toute réalité et la Réalité la plus réelle qui unit toute la Création. Cette idée est exprimée par le Nom divin *al-Khabîr*, « l'Expérimenté », au double sens que ce mot a en français : Dieu a l'expérience parfaite du monde parce qu'Il connaît chaque chose selon son essence réelle ; en retour, le monde – et l'homme qui en fait partie – fait l'expérience de Dieu en devenant conscient de Son existence en étant emporté par le Souffle du Miséricordieux[4]. En ce sens, la cosmologie d'Ibn ʿArabî est une cosmologie de l'expérience vécue. Il consacre plusieurs chapitres de son œuvre majeure, les *Futûhât al-Makkiyya* ou *Illuminations de La Mecque* à cette notion du *tawhîd* ou « Unicité divine ».

Au chapitre 67, il explique que la *shahâda* commence par une négation : *lâ ilâha*, mot à mot « non divinité ». Cette négation vise toutes les entités créées à qui les hommes ont attribué la qualité de divinité, ce qui a eu pour conséquence la croyance en plusieurs dieux. C'est pourquoi les polythéistes de La Mecque ont été surpris par le message du prophète Muhammad qui les invitait à croire en un seul Dieu : « Réduira-t-il les divinités à un seul Dieu ? Voilà une chose vraiment étrange » (38 : 5). Il ressort de cela que plusieurs lectures fausses sont possibles de ce *lâ ilâha*. « Il n'existe pas de dieu », qui est l'argument des athéistes ; « tous les dieux sont faux sauf le mien », c'est la croyance de ceux qui croient en une divinité qui est finalement du même rang que les dieux qu'ils rejettent. Tous commettent en fait la même erreur que les polythéistes : ils conçoivent Dieu selon le mode d'existence des créatures. Preuve en est qu'ils associent l'idée de nombre à leur notion erronée de Dieu, que ce nombre soit multiple, zéro ou un.

Au chapitre 198, 9e section, Ibn ʿArabî soulève que

le Coran contient trente-six versets qui sont autant de variations sur cette première moitié de la *shahâda* : « Il n'y a de dieu que Dieu », « Il n'y a de dieu que Lui », « Il n'y a pas de dieu en dehors de Moi »… et qui, selon lui, correspondent à différentes implications ou modes du *tawhîd.*

Le vingt et unième *tawhîd* est exprimé dans le verset « Que soit exalté Allah, le vrai Souverain. Pas de divinité en dehors de Lui, le Seigneur du Trône sublime » (23 : 116), qu'Ibn 'Arabî relie à un autre verset, « Ce n'est pas par divertissement que Nous avons créé les cieux et la terre et ce qui est entre eux » (44 : 38). Expliquant la corrélation qui relie le « Souffle du Miséricordieux » (*nafas al-Rahmân*, c'est-à-dire ce qui émane de Dieu pour amener le monde à l'existence et l'y maintenir, tout comme le souffle vital maintient le corps en vie) à « l'Unicité » (*tawhîd*), il compare le « Souffle du Miséricordieux » au bois à partir duquel sont sculptés plusieurs objets : malgré la diversité de leurs formes, ils sont tous unis par leur origine qui est le bois à partir duquel ils ont été formés. La mention dans le deuxième verset des « cieux », de la « terre » et de « ce qui est entre eux » fait selon lui référence aux trois mondes qui composent le cosmos : les esprits, les corps et le monde imaginal qui fait le lien entre les deux. Le « Souffle du Miséricordieux » peut donc être appelé « le Vrai » ou « le Réel », *al-Haqq*, ou encore « le Seigneur du Trône sublime » ; par lui, nous percevons Dieu en tant qu'origine de ce souffle, mais Dieu dans Son Unicité (*tawhîd*) n'est pas à proprement parler ce Souffle dont tout le cosmos est constitué :

> Le moyen par lequel le cosmos vient à l'existence est le Réel, le Souffle du Miséricordieux… et c'est le Réel, le

Seigneur du Trône qui lui a donné sa forme enveloppante, car Il est Celui qui enveloppe toute chose, *al-muḥîṭ* (4 : 126)... En raison de cette réceptivité, le Réel est un réceptacle par lequel apparaît l'existence (*wujûd*) de chaque chose qu'il contient couche par couche, entité par entité, dans un ordre sage. Il rend apparent ce qui était en lui caché pour qu'il soit vu et uni à sa provenance de Lui[5].

## Tanzîh *et* Tashbîh, *transcendance et immanence*

En théologie musulmane classique, on oppose le *tanzîh* et le *tashbîh*. Le premier terme vient de la racine *nazaha* qui signifie « affranchir de toute comparaison, rendre exempt de faiblesse, sanctifier ce qui est transcendant » et consiste à nier toute possibilité de ressemblance de Dieu avec une réalité humaine. Rien de ce qui peut être dit en langage humain ou représenté par la raison humaine, pas même les vertus les plus nobles, ne peut être attribué à Dieu. A contrario, la notion de *tashbîh*, qui vient de la racine *shabaha*, « comparer, rendre semblable à, ce qui est immanent », implique que l'on puisse comparer Dieu à tout autre existant. Dans la théologie classique, le terme est très péjoratif et sert à qualifier les hérétiques d'anthropomorphistes. Ibn 'Arabî nous invite à comprendre plus subtilement ces deux approches du divin.

D'un certain point de vue, Dieu, l'Être nécessaire, est le seul existant, le seul à qui appartienne vraiment le *wujûd*, l'existence ; rien ne Lui est comparable car tout est contingent, donc non existant en dernière analyse : toute chose emprunte à Dieu Son existence de manière temporaire pour être là, dans le monde manifesté, avant de se fondre à nouveau dans sa source, le Réel. Dieu, pour Sa part, est libre de toute contrainte. Non seulement Il est non délimité par quoi que ce soit, mais Il est aussi libre de toute délimitation, de toute définition et de toute détermination. Il est même, dit Ibn 'Arabî, libre de la détermination d'être libre de toute détermination : ainsi, paradoxalement, Il est libre de Se délimiter à travers toutes les contraintes et limitations sans pour autant devenir délimité par elles[6] : « Sache que Dieu détient l'être non délimité et aucune délimitation ne L'empêche d'une délimitation. Bien au contraire, Il possède toutes les limitations. Par conséquent, Il est non délimité de manière absolue. Aucune délimitation n'exerce sur Lui une délimitation par rapport à une autre délimitation[7]. » Voilà comment Ibn 'Arabî comprend le *tanzîh* et le paradoxe qu'il recèle lorsque cette voie de la négation est suivie jusqu'au bout.

Pour le maître andalou, le *tashbîh* n'est pas un terme péjoratif ; il est complémentaire du *tanzîh* et est indispensable pour comprendre ce qui relie le métacosme, le macrocosme et le microcosme. Le *wujûd*, l'« être » ou l'« existence », littéralement « ce ou celui qui se trouve », appartient certes en propre à Dieu seul ; mais il apparaît partout dans la Création, dans chaque chose qui existe dans l'univers. De ce point de vue, il y a bien une similarité entre nous, qui sommes en permanence occupés à nous trouver nous-mêmes et à trouver les autres et à éprouver notre existence, et Dieu qui est l'Existant et Celui qui se trouve par essence.

C'est là que *tanzîh* et *tashbîh* se rejoignent : de la même manière que Dieu n'accepte aucune délimitation par une non-délimitation, Il ne peut être contraint par une quelconque incomparabilité ou non-similarité. Par cette position, Ibn 'Arabî met en évidence les limites d'une théologie rationnelle qui, tout en prétendant libérer Dieu de toute définition, l'enferme en réalité[8].

Les Noms divins peuvent dès lors être envisagés autant du point de vue du *tanzîh* que de celui du *tashbîh*, autant du point de vue de l'incomparabilité que de la similarité. Dans la perspective du *tanzîh*, les Noms divins appartiennent à Dieu uniquement car il est le seul à posséder l'existence tandis que ses créatures la possèdent seulement par emprunt. Parmi les Noms divins qui marquent cet abîme incommensurable entre Dieu et Sa Création, on peut citer le Majestueux (*Al-Jalîl*), le Souverain (*Al-Malik*), le Surveillant (*Al-Muhaymin*), le Magnifique (*Al-Mutakabbir*), etc. Cette perspective exprime, dans le cadre de la praxis musulmane, le lien de servitude (*'ubûdiyya*) entre Dieu et l'être humain. Dans cette perspective, les Noms divins, leurs propriétés et leurs traces se déploient néanmoins dans toute la Création, dans la mesure où celle-ci reconnaît Dieu comme incommensurable à elle et assume le joug de sa souveraineté. Mais d'autres Noms divins expriment au contraire le rapport de similarité entre Dieu et Sa création : la Beauté (*Al-Jamâl*), la Miséricorde (*Al-Raḥma*), l'Aimant et le Bien-Aimé (*Al-Wadûd*), Celui qui pardonne (*Al-ghafûr*), etc. Dieu tourne son attention vers les créatures pour assurer leur bonheur, ce qui Le conduit à « créer Adam à Son image » (expression qui ne se trouve pas dans le Coran mais dans la Tradition prophétique) et à en faire son lieutenant sur terre. Ainsi se manifeste le lien de vice-gérance (*al-khilâfa*) entre Dieu et l'humain que seuls les prophètes, les saints et les amis de Dieu ont réalisé. Les êtres humains, quand ils réalisent leur relation au Créateur à travers ces deux catégories du *tashbîh* et du *tanzîh*, deviennent pleinement ses serviteurs et ses dignes lieutenants.

## *Le Macrocosme et les signes*

Ibn 'Arabî définit le cosmos comme étant « tout autre chose que Dieu, qu'elle soit en haut ou en bas, esprit ou corps, sens abstrait ou chose sensorielle, manifeste ou non manifesté[9] ». Pour montrer le lien qui existe entre le monde et son Créateur, il remonte à la racine du mot *'âlam*, qui signifie « cosmos » en arabe. Ce terme dérive de la même racine que *'alâma* – « marque, empreinte » –, *'alam* – « drapeau » – et *'ilm* – « savoir, connaissance » ; tout cela suggère que le cosmos fait essentiellement signe vers une autre réalité que lui-même et que cette réalité n'est connaissable qu'à partir de ce signe : « Nous appelons le cosmos *'âlam* pour faire savoir que nous voulons en faire une marque, un signe[10]. »

Toute chose est donc signe de Dieu, comme le remarque le Maître : « Tout dans l'existence engendrée est un signe de Lui[11] », « Toutes les choses possibles sont des signes[12] », ceux qui saisissent la signification des signes « voient que tout autre que Dieu est le lieu du flux des instructions du Réel[13] ». Le cosmos n'est rien d'autre que la somme des paroles exprimées par le Souffle du Miséricordieux (*nafas al-Raḥmân*), chaque chose dans la Création est une lettre ou un mot formulé par Dieu qui a pour sens ultime Dieu Lui-même à travers Ses noms et attributs ; « Le cosmos en entier est un mot qui apporte un sens, et son sens, c'est Dieu[14]. » Le Coran emploie le mot *âyât* ou signe dans deux sens : en référence aux signes de l'univers mais aussi à ses propres versets. Tout comme le Coran est le livre de Dieu dans lequel Il déploie ses *âyât* (versets ou signes), le cosmos est aussi Son livre qui est donné à lire aux gens dotés de la capacité de lire. Le sens de toute chose est déterminé dans la mesure où elle signifie Dieu et l'on peut définir la cosmologie comme « les signes, les marques et la compréhension de ce qu'elles signifient[15] ». La cosmologie d'Ibn 'Arabî est un récit, une narration de la signification des marques.

Le Maître andalou oppose les termes « signe » et « preuve ». Le premier est une connaissance directe, intuitive qui advient par le dévoilement tandis que le deuxième ne donne accès qu'à une compréhension indirecte, déductive, acquise par la pensée rationnelle : « Le compagnon du signe est plus digne de se voir attribuer la "sagesse" et d'être appelé "sage" que le compagnon de la preuve, car le signe n'accepte aucun obscurcissement, et il appartient seulement aux gens du dévoilement, tandis que la preuve ne fonctionne pas ainsi[16]. » Les signes sont supérieurs aux preuves car ils sont rattachés à la foi qui perçoit à travers une lumière intérieure qui n'accepte aucun obscurcissement tandis que les preuves sont rattachées à la compréhension rationnelle qui n'est pas exempte d'obscurcissement par d'éventuelles réfutations.

Chez Ibn 'Arabî, le *wujûd* (l'être, l'existence) est une seule et même réalité qui se manifeste selon différentes modalités : la réalité absolue et non délimitée de Dieu, « l'être nécessaire » (*wâjib al-wujûd*) », qui ne peut pas ne pas exister. Dans ce sens, cela désigne l'Essence de Dieu ou du Réel (*ḏât al-ḥaqq*), la seule vraie réalité. À un niveau inférieur, le *wujûd* est la substance qui sous-tend toute chose autre que Dieu, c'est-à-dire le cosmos ou l'univers (*al-'âlam*).

En tant qu'essence du Réel, le *wujûd* est la base indéfinissable et introuvable de toute chose qui se trouve dans l'univers. Dans ce sens, le terme est synonyme de lumière, un nom divin coranique, *nûr*. Comparé à la lumière divine, le *wujûd* a des caractéristiques en commun avec la lumière physique qui est la seule : c'est une réalité invisible à l'œil nu, mais grâce à laquelle nous pouvons voir les couleurs, les formes, les objets, etc. La lumière est comme le *wujûd* : elle n'est pas visible en elle-même mais, sans elle, rien ne peut être vu. Toute chose que nous voyons dans l'univers est inexistante par elle-même mais existe dans une certaine mesure à travers le *wujûd* du Réel. Quand une entité se trouve dans le monde phénoménal, elle déploie une certaine existence empruntée qu'elle rend à Dieu quand elle disparaît.

## *Les attributs divins*

Nous ne pouvons connaître le *wujûd* que dans la mesure où nous l'avons ; mais en réalité, nous ne possédons pas de *wujûd* car nous sommes des entités qui ne détiennent pas l'existence par essence. Néanmoins, malgré son inaccessibilité, nous pouvons dire que nous connaissons quelque chose du *wujûd* parce que nous avons une certaine connaissance de nous-mêmes et du cosmos qui nous entoure et cette connaissance fournit des informations sur la Réalité Absolue. Les écritures sont également une source de connaissance du *wujûd*, et donc de Dieu Lui-même.

Ibn 'Arabî accorde une grande importance aux sources scripturaires pour trouver la source divine de tous les phénomènes de l'univers et ne limite pas ces sources au Coran et au *hadîth*, mais croit en la validité des autres Écritures. Ces dernières ont en effet révélé les Noms divins, et chaque Nom mentionné dans le Coran, le *hadîth* ou les autres textes sacrés nous apprend quelque chose sur la réalité du *wujûd*. Dieu dans son Essence – le Réel, *al-Haqq* – transcende les phénomènes naturels, mais la manière dont ceux-ci se trouvent dans le monde nous dit quelque chose à propos du Réel et du *wujûd*. Celui-ci est exprimé linguistiquement par le Coran d'un côté, et ontologiquement par l'univers et nous-mêmes d'un autre[17].

Ce que les êtres humains connaissent à propos du *wujûd*, ils l'apprennent à travers ce que le Coran en dit ou bien à travers ce qu'ils perçoivent dans le cosmos et en eux-mêmes. Ils savent par exemple que le *wujûd* – qui est le Réel – est Vivant, Savant, Puissant, Généreux, Juste, qu'Il possède le Désir et la Parole. Ces sept Noms divins sont fréquemment cités comme étant à l'origine de tous les autres Noms divins et du cosmos. À travers ces Noms divins, l'être humain peut saisir quelques caractéristiques qui émanent du *wujûd* même s'il ne peut jamais le saisir en lui-même, car celui-ci transcende tous ses attributs en même temps qu'il les contient tous. Ces noms et attributs divins se rapportent à Dieu mais ils se rapportent également aux choses ou entités puisque pour être dans le monde, les choses doivent refléter le *wujûd* d'une certaine manière, sinon elles ne pourraient pas être trouvées.

Pour Ibn 'Arabî, les noms et attributs divins sont le pont qui fait le lien entre le monde phénoménal et le monde non phénoménal sur les plans épistémologique et ontologique. Sans la révélation des Noms divins dans les Écritures, personne ne pourrait acquérir un savoir complet des modalités du *wujûd*. Les noms révèlent la réalité actuelle du *wujûd* et délimitent donc les modes dans lesquels il vient à se manifester à travers ses signes, c'est-à-dire les choses du cosmos[18].

Seul Dieu possède les attributs pleinement et vraiment. La Vraie Vie, le Vrai Savoir, le Vrai Désir et le Pouvoir Lui appartiennent à Lui seul mais les choses ou les entités manifestent certains aspects de la vie de Dieu, de Son savoir, de Son désir, de Son pouvoir par le fait de se trouver dans le cosmos. Cependant, leur vie n'est pas la Vraie Vie, parce que la Vraie Vie appartient à Dieu seul. Néanmoins, si leur vie était totalement irréelle, ils seraient incapables de connaître ou de percevoir.

Quand Dieu accorde l'existence aux entités, elles naissent en fonction de ce que leurs réalités exigent. Par exemple, quand Dieu accorde l'existence à une plante en particulier, elle vient à l'univers exactement telle qu'elle est dans Son Savoir pour toute éternité avec toutes ses caractéristiques spécifiques au bon moment et au bon endroit. Chaque entité participe ainsi des attributs divins parce que chacune déploie le *wujûd* (l'Existence), et que l'Existence est Dieu, l'Essence nommée par tous les noms. Mais toutes les entités ne manifestent pas tous les attributs : par conséquent, le cosmos est hiérarchisé, classé en degrés d'excellence selon le degré auquel les entités existantes expriment les attributs divins. Certaines créatures possèdent la vie avec une intensité plus ou moins grande, et certaines semblent n'avoir aucune vie. Chaque entité a une prédisposition (*isti'dâd*) qui lui permet de déployer les attributs de l'Existence à un niveau plus ou moins élevé. Une pierre manifeste un certain pouvoir passif, une plante manifeste des traces de vie, un certain savoir, un désir, un pouvoir actif. Un animal manifeste tous ces attributs avec plus d'intensité et, au sommet de la hiérarchie du visible, l'être humain est celui qui a le potentiel de manifester tous les attributs divins[19].

Toutefois, les êtres humains ne manifestent pas tous les attributs divins dans la même mesure. Certains sont plus injustes, plus avares ou moins éloquents que d'autres. Ceux qui veulent actualiser leur véritable essence doivent faire ressortir les qualités divines qui sont en eux. Ces qualités divines sont à leur tour des qualités morales et éthiques, car elles fournissent le modèle de tout acte approprié, compatissant et humain. Pour cette raison, le Cheikh désigne la voie soufie comme étant la voie de l'« acquisition des qualités de Dieu » qui sont aussi au fondement de l'ordre naturel.

## *L'apparent et le caché*

Dieu Se qualifie dans le Coran (57 : 3) d'Apparent et de Caché. Ce verset a donné lieu à une multitude d'interprétations et de controverses dans l'exégèse coranique classique s'appuyant sur deux dimensions de perception du monde et de toute réalité créée, y compris le texte coranique puisque le Réel Lui-même qui donne existence à toute chose s'en qualifie. La crise actuelle du monde musulman vient en partie de la difficulté à concilier et à réconcilier la complémentarité entre la réalité ésotérique et exotérique, à la prendre en compte dans l'interprétation des textes fondateurs et à la mettre en œuvre dans la pratique religieuse et le vécu quotidien des croyants. Les musulmans se trouvent aujourd'hui face au défi de voir dans ces deux dimensions non pas un antagonisme induit par une perception duelle des réalités du monde matériel mais une complémentarité qui trouve son origine dans le principe d'unité.

Le Coran valorise la foi et la piété intérieure bien plus que la pratique rituelle. Dieu appelle l'être humain à purifier son cœur et à contrôler ses pensées et ses intentions. Sa spiritualité et sa foi intérieure sont ce qui doit le plus occuper le croyant. Plusieurs versets coraniques affirment explicitement que Dieu sait parfaitement ce que nous cachons intérieurement : « Dieu lit parfaitement dans les cœurs » (17 : 30), « Dieu connaît mieux ce qu'il y a dans leurs âmes » (11 : 31), « Votre Seigneur est infiniment Savant de ce qui se trouve en vous-mêmes. Si vous êtes intègres, alors Il se révèle Pardonneur pour ceux qui se repentent » (17 : 25), « Certes, ton Seigneur sait ce que cachent leurs poitrines et ce qu'ils divulguent » (27 : 74), « Dieu connaît l'Inconnaissable dans les cieux et la terre. Il connaît le contenu des poitrines » (35 : 38), « Il fait pénétrer la nuit dans le jour et fait pénétrer le jour dans la nuit, et Il sait parfaitement le contenu des poitrines » (57 : 6), « Que vous cachiez votre parole ou la divulguiez Il connaît bien le contenu des poitrines » (67 : 13).

Par ailleurs, au verset (53 : 41) : « Nous leur montrerons Nos signes dans l'univers et en eux-mêmes, jusqu'à ce qu'il leur devienne évident que c'est le Réel », le Coran indique clairement que les signes sont à l'extérieur et à l'intérieur de nous-mêmes. L'expression « les horizons » (*al-'âfâq*) fait référence au monde, à l'univers que nous voyons à l'extérieur de nous-mêmes, quant au mot « eux-mêmes » (*'anfusihim*), il désigne le monde des expériences intérieures de l'être humain, son langage intérieur, ses émotions, sa psychologie, sa spiritualité. Pour le Cheikh, le sens de ce verset est que « ta preuve du Réel est toi-même et le cosmos[20] ». Soi-même et les horizons sont les deux réalités dans lesquelles la propre révélation, manifestation de Dieu, peut s'opérer[21]. De manière générale, la mystique et la philosophie musulmanes considèrent que soi-même et les horizons font référence au microcosme et au macrocosme, des termes aussi employés dans la philosophie grecque. C'est pour cela, selon Ibn 'Arabî, que le Législateur nous a donné, comme référence pour la connaissance de Dieu, notre connaissance de nous-mêmes par Sa parole : « Nous leur montrerons nos signes », qui sont des indices, dans les horizons et en eux-mêmes[22]. Nous retrouvons la même idée dans une autre tradition prophétique : « Celui qui se connaît soi-même connaît son Seigneur. »

Les personnes qu'on appelle les « connaisseurs de Dieu » savent lire les signes et saisir les messages qu'ils révèlent, quelle que soit leur provenance, l'extérieur ou l'intérieur d'eux-mêmes. Ce sont les personnes qui incarnent le sens de ce *ḥadîth* : « Ni Mon Ciel ni Ma Terre ne peuvent Me contenir ; seul le cœur de Mon serviteur fidèle peut Me contenir. » Le Cheikh écrit à ce propos : « Dieu a ôté le voile de l'ignorance de leur discernement et les a fait témoigner sur les signes qui sont en eux-mêmes et dans les horizons. Par conséquent, il est devenu clair pour eux que c'est le Réel[23], rien d'autre. Ils ont donc foi en Lui, ou plutôt, ils Le connaissent à travers tous les visages et toutes les formes, et ils savent qu'Il englobe tout[24]. Les gnostiques ne voient rien à moins que ce soit en Lui, puisqu'Il est le contenant qui englobe tout. Et comment pourrait-Il ne pas l'être[25] ? »

### *L'être humain comme microcosme*

Le microcosme dans la cosmologie musulmane correspond à l'être humain et on emploie souvent les termes « petit univers » et « grand univers » pour désigner le microcosme et le macrocosme car le cosmos est créé au regard de la multiplicité des Noms divins et l'être humain au regard de leur unité[26]. Selon Ibn 'Arabî « l'être humain se situe à la fin de la hiérarchie de la Création, car c'est un microcosme contenant en lui l'ensemble du cosmos[27] ».

Au chapitre 267 des *Futûhât*, Ibn 'Arabî traite de la connaissance de l'âme (*al-nafs*). Celle-ci appartient au monde du *Barzakh*, l'« isthme » qui relie ce monde-ci à l'au-delà. Elle a une face vers le monde créé et une face tournée vers l'esprit divin (*rûh*). Cette situation de l'âme entre deux mondes, « entre l'insufflation divine et le corps proportionné », explique la différence des tempéraments. Du point de vue de l'insufflation divine, il n'y a pas de différence dans le degré d'excellence entre les âmes, la différenciation s'opère au niveau des réceptacles. Au départ, les humains reçoivent de façon égale l'insufflation divine qui donne naissance à l'âme ; c'est par la suite que celle-ci est façonnée et influencée par l'éducation et l'orientation que nous lui donnons.

L'esprit divin est le « Tout-Esprit » (*al-rûḥ al-kull*) ou l'Esprit Universel (*al-rûḥ al-kullî*) ou « le Tout-Esprit qui est soufflé dans les formes[28] » tandis que les esprits nés de celui-ci sont souvent appelés esprits « partiels » ou « particuliers ». Les esprits partiels se différencient lorsque Dieu souffle quelque chose de l'Esprit Universel indifférencié dans les corps, qui le reçoivent en accord avec leur état de préparation. Le Tout-Esprit est un, mais les esprits partiels sont nombreux. Ce qui « divise » l'esprit, ce sont les corps, tout comme les fenêtres divisent la lumière du soleil[29]. La diversité des entités remonte à la diversité de leur prédisposition à l'existence et à recevoir la lumière de l'Esprit Universel, le « premier intellect ».

De ce point de vue, il est impensable de ne pas reconnaître le tout qui maintient les parties assemblées entre elles. Si nous nous arrêtons à un seul niveau, nous ne saisirons pas le sens global de la totalité, de même que pour comprendre la signification d'une seule lettre, nous devons être capables de lire le livre en entier. Le monde et l'ensemble des âmes humaines composent le grand livre de Dieu : nous pouvons bien comprendre les lettres, les mots et les phrases en dehors du contexte de l'auteur du livre, mais nous manquerions alors l'essentiel du message.

# 12

# La diversité religieuse

*Les êtres créés se sont formé*
*au sujet de Dieu des croyances*
*Et moi, je professe tout ce qu'ils ont cru*[1].

Nous avons vu que la première partie de la *shahâda* exprime une vérité universelle connue intuitivement de tous les humains, l'Unicité divine ou *tawhîd*, tandis que la seconde partie est plus spécifique à l'islam car elle atteste que Muhammad est le prophète de Dieu. Si toutes les religions affirment cette Unicité, chacune apporte son propre enseignement, en fonction du prophète qui s'en est fait le messager, de la langue dans laquelle il a été exprimé et du contexte social et historique de chaque révélation. Le Coran enjoint les musulmans à croire en tous les livres révélés et en tous les messagers et prophètes : « Dites : "Nous croyons en Dieu et en ce qu'on nous a révélé, et en ce qu'on a fait descendre sur Abraham et Ismaël et Isaac et Jacob et les Tribus, et en ce qui a été donné à Moïse et à Jésus, et en ce qui a été donné aux prophètes, venant de leur Seigneur : nous ne faisons aucune distinction entre eux. Et à Lui nous sommes Soumis" » (2 : 136) ; « Le Messager a cru en ce qu'on a fait descendre sur lui venant de son Seigneur, et aussi les croyants, tous ont cru en Dieu, en Ses anges, à Ses livres et en Ses messagers [en disant] : "Nous ne faisons aucune distinction entre Ses messagers" » (2 : 285), « Dis : "Nous croyons en Allah, à ce qu'on a fait descendre sur nous, à ce qu'on a fait descendre sur Abraham, Ismaël, Isaac, Jacob et les Tribus, et à ce qui a été donné à Moïse, à Jésus et aux prophètes, de la part de leur Seigneur : nous ne faisons aucune différence entre eux ; et c'est à Lui que nous sommes Soumis" » (3 : 84), etc.

La pensée d'Ibn 'Arabî s'inscrit dans cette même logique coranique. Analysant l'unité et l'universalité de la Révélation à travers la miséricorde de la prophétie muhammadienne et l'universalité du Coran, il enracine sa vision de l'unité transcendante des religions dans l'Unicité divine. De même que Muhammad, en tant que « sceau de la prophétie », récapitule dans le message dont il est porteur toutes les révélations antérieures, de même Ibn 'Arabî, qui se perçoit comme le « sceau de la sainteté muhammadienne », entend expliquer d'une manière organique les principales modalités de la perfection humaine. Il considère chaque mode d'existence accessible aux êtres humains comme une « station » (*maqâm*) de connaissance, chaque station découlant de l'héritage d'un ou de plusieurs prophètes et toutes étant récapitulées dans la station muhammadienne[2].

Claude Addas expose la doctrine d'Ibn 'Arabî sur le salut universel, conformément au verset « Ma miséricorde embrasse toute chose » (7 : 56), et aborde la question d'une apocatastase universelle, c'est-à-dire que chaque individu sera à la fin des temps rétabli dans sa nature originelle. Cette nature originelle est selon Ibn 'Arabî inaltérable, conformément à ce qu'énonce la fin du verset 30 : 30,

« pas de changement à la création de Dieu », ce qui aboutit à la reconnaissance du salut universel de l'humanité entière, y compris donc pour les incroyants qui renoueront avec leur allégeance originelle au Dieu unique : « Ce verset est une bonne nouvelle venant de Dieu, annonçant qu'il nous a créés d'une nature conforme à cette reconnaissance (primordiale) de la suzeraineté divine, et rien de ce qui apparaît, chez certaines personnes, d'"idolâtrie" (*shirk*) ne peut modifier cette reconnaissance puisque Dieu a nié qu'ils puissent changer cela. Ils demeurent conformes à leur nature originelle et c'est vers elle que retourneront les idolâtres au jour du jugement. [...] C'est donc une bonne nouvelle les concernant, annonçant qu'ils retourneront à la miséricorde[3]. »

Ce salut universel, c'est bien le Prophète qui en est l'instrument. Ibn 'Arabî étend la notion de *ahl al-bayt*, les « gens de la maison » muhammadienne, à l'humanité entière : pour lui, la famille du Prophète ne se restreint pas à sa descendance charnelle mais s'étend à un lignage spirituel qui traverse toute l'humanité. En font partie tous les saints qui ont atteint les plus hauts degrés de réalisation spirituelle. C'est pourquoi Muhammad a pu dire, à propos de son Compagnon Salmân al-Fârisî qui, comme son surnom l'indique, était perse et donc non lié par le sang au Prophète : « Salmân est des nôtres, les gens de la maison. » La seule réalisation spirituelle et la station du pur service envers Dieu (*'ubûdiyya mahda*), état ultime de perfection, celle des saints, suffisent pour être compté parmi les « gens de la maison ». S'appuyant sur le verset 34 : 28 où Dieu indique qu'il a envoyé le Prophète à l'humanité entière, le maître andalou soutient en outre que la Oumma muhammadienne s'étend depuis

Adam jusqu'au dernier homme et que tous obtiendront les bénédictions de la maison prophétique[4].

## *La validité des autres religions après l'islam*

Un des sens du mot « islam » étant la soumission à la volonté de Dieu révélée par ses prophètes et ses messagers, toute personne qui se soumet à un message révélé de Dieu peut être qualifiée d'« adepte de l'islam ». Toutefois, il y a toujours eu et il y a encore des musulmans qui pensent que la seule religion qui soit encore valide est la religion musulmane car toutes les autres ont été « falsifiées » (*taḥrīf*). Ibn 'Arabî s'élève contre cette thèse en montrant qu'elle est contraire à la lettre du Coran. Même s'il critique certaines incompréhensions ou distorsions que telle ou telle communauté religieuse peut donner des révélations dont elle est la dépositaire – et les musulmans n'échappent pas à cette critique, il n'hésite pas à qualifier d'ignorants ceux qui pensent que l'avènement de l'islam a eu pour effet d'abroger toutes les religions précédentes –, pour lui, « toutes les religions révélées sont des lumières ; la religion de Muhammad – sur lui la grâce et la paix – est comme la lumière du soleil parmi les lumières des autres astres[5] ». Si certains fondamentalistes ont voulu comprendre cette phrase d'Ibn 'Arabî comme signifiant que la lumière des étoiles était absorbée dans celle du soleil et éclipsée par elles, William Chittick en a donné une lecture plus positive[6]. Selon lui, les autres religions révélées continuent d'exister de la même manière que la lumière des autres astres demeure quand le soleil brille ; d'ailleurs, le terme technique pour parler de l'« abrogation » des Écritures antérieures par le Coran, *naskh*, signifie en propre « effacer, comme le soleil efface l'ombre ». Ibn 'Arabî le dit d'ailleurs explicitement : si le Coran effectue le *naskh* des Livres qui l'ont précédé, « il ne faut pas comprendre ce *naskh* comme une annulation ou une invalidation (*bâtilan*), ce qui est l'opinion des ignorants[7]... ». Même si l'avènement de la Loi coranique dispense d'observer les règles instituées par les prophètes antérieurs, cela ne signifie pas que ces autres Lois aient perdu, du moins dans une certaine mesure, toute capacité salvatrice ou sanctificatrice[8].

Le Cheikh se montre parfois réticent à affirmer la pleine validité des autres religions à son époque. Peut-être n'a-t-il, comme la plupart des musulmans du Maghreb et d'al-Andalus à l'époque almohade, jamais réellement côtoyé de juifs ou de chrétiens ni rencontré des saints qui se seraient réalisés dans l'une de ces voies. Il ne connaît de ces deux religions que ce qu'il a découvert dans la religion musulmane, et c'est pour cette raison qu'il ne les accepterait que dans leur principe – c'est du moins l'hypothèse de William Chittick[9]. Ibn 'Arabî, comme beaucoup de musulmans et comme beaucoup de croyants en général, reste persuadé de la supériorité de sa propre religion. L'islam représente donc « le sommet absolu et demeure qualitativement supérieur aux autres formes religieuses. Déclarer que toutes les religions "se valent" du fait qu'elles mènent à une Réalité unique n'est exact que jusqu'à un certain degré de réalisation spirituelle. Au-delà il n'y a d'autres voies d'accès à la réalisation spirituelle complète que l'islam, c'est-à-dire la pratique du soufisme à ses degrés les plus élevés[10] ».

Pour saisir l'enseignement du Cheikh dans toute sa profondeur, on ne peut pas faire l'économie d'une approche globale de sa pensée et des principes généraux qui la sous-tendent. Car même s'il porte parfois un regard critique sur certaines distorsions ou mauvaises compréhensions doctrinales du judaïsme ou du christianisme – dans le même esprit que le raisonnement coranique qui parle des Gens du Livre sans désigner d'autres adeptes que ceux qui étaient contemporains à la révélation des versets en question –, il revient à son postulat de départ et affirme que toutes les religions révélées sont vraies dans leur principe, et que chacune d'entre elles est une voie de réalisation spirituelle.

L'émir Abd el-Kader l'Algérien (1808-1883) est sans aucun doute le plus célèbre et le plus fidèle interprète de l'œuvre d'Ibn 'Arabî à l'époque moderne. Cela transparaît dans l'humanisme et l'universalisme qui caractérisent ses écrits, sa spiritualité et son action d'homme politique. « Ne demandez jamais quelle est l'origine d'un homme, interrogez plutôt sa vie, ses actes, son courage, ses qualités et vous saurez qui il est », disait-il. En effet, ses responsabilités politiques et militaires ne l'ont jamais éloigné de son idéal de justice humaine inspiré de la sagesse prophétique muhammadienne développée dans l'œuvre de son maître. Son rôle de sauveur lors du massacre des chrétiens de Syrie en juillet 1860 lui valut la reconnaissance du monde entier. À la tête d'une troupe de guerriers algériens, il arrache aux émeutiers des milliers de personnes qu'il place sous sa protection. Attestée par ses œuvres, la longanimité de l'émir n'a d'égale que sa grande ouverture envers les autres religions et philosophies. Héritier de la spiritualité akbarienne, il illustre l'universalité du message prophétique à partir de la notion de la théophanie (*tajallî*) qui parcourt le texte des *Mawâqif* ou *Livre des haltes* – son œuvre majeure – où il « explique la relation entre le Principe et la manifestation, à travers la théophanie des Noms divins. Cette doctrine de la théophanie permet de comprendre les forces apparemment contraires qui s'exercent dans le monde et la multiplicité des croyances[11] », commente Denis Grill. Ainsi, le fondement métaphysique de la diversité des croyances est le nécessaire dépassement des représentations du divin souvent limitées et conditionnées par notre subjectivité et notre psychologie, or le propre du modèle muhammadien selon l'émir Abd el-Kader est de s'affranchir de toute limitation et de percevoir la théophanie de la divinité dans les formes particulières de toutes les croyances conformément au verset coranique « Dites : "Nous avons cru en ce qui a été descendu vers nous et en ce qui a été descendu vers vous ; notre Dieu et le vôtre est unique et nous nous remettons totalement (*muslimûn*) à Lui" » (29 : 46).

### *L'unité transcendante des religions*

« Chaque communauté a un messager… » (10 : 47), le Coran décrit la révélation comme étant un phénomène universel envoyé par Dieu à l'humanité à travers ses prophètes (*anbiyâ'*) et ses messagers (*rusul*), et le message révélé à chaque prophète a été le message du *tawhîd* (l'Unicité), « Et nous n'avons envoyé avant toi aucun Messager à qui nous n'ayons révélé : point de divinité en dehors de Moi. Adorez-Moi donc » (21 : 25). Les musulmans doivent croire à tous les messagers de Dieu car chacun d'entre eux confirme le message de ceux qui l'ont précédé : « Et quand Jésus fils de Marie dit : "Ô Enfants d'Israël, je suis vraiment le Messager de Dieu [envoyé] à vous, confirmateur de ce qui, dans la Thora, est antérieur à moi"… »

(61 : 6). Le message principal est chaque fois le même ; cela dit, chaque messager a apporté un enseignement particulier. Alors que Muhammad est le Messager de Dieu et a reçu la révélation du livre coranique contenant la parole de Dieu, Jésus est le Messager de Dieu, Son verbe envoyé à Marie et un esprit venant de Lui[12]. Les autres messagers sont tous venus avec un enseignement spécifique destiné au peuple auquel il s'adresse : « Et Nous n'avons envoyé de Messager qu'avec la langue de son peuple, afin de les éclairer » (14 : 4).

S'appuyant sur le *hadîth qudsî*[13] « Je suis conforme à l'opinion que Mon serviteur se fait de Moi », Ibn 'Arabî expose que les croyances sont conditionnées par les différentes théophanies reçues par les êtres et par la conception nécessairement fragmentaire que chacun se fait de Dieu[14]. À ses yeux, toutes les croyances et donc toutes les religions sont vraies car chacune est la manifestation d'un Nom divin, toutes ces théophanies particulières ayant leur source en Dieu, le « Réel », le « Vrai » : tel est le fondement de l'« unité transcendante des religions » (*waḥdat al-'adiyân*). Il existe ainsi une unité fondamentale de toutes les Lois sacrées, et chacune détient une part de vérité. La diversité des religions est due à cette multiplicité des manifestations divines, « qui ne se répètent jamais[15] ».

Par ailleurs, dans son célèbre et fameux poème sur la religion de l'amour et l'unité transcendante des religions, Ibn 'Arabî affirme que quel que soit le destinataire du culte rendu par l'être humain, en réalité c'est toujours Dieu qu'il adore :

Auparavant, je méconnaissais mon compagnon,
Lorsque nous n'avions pas la même religion

À présent, mon cœur est devenu capable d'accueillir
toute forme.
Il est pâturage pour gazelles et abbaye
pour les moines !
Il est un temple pour idoles et la Ka'ba
pour qui en fait le tour,
Il est les tables de la Thora et aussi les feuillets
du Coran !
La religion que je professe est la religion de l'Amour
où que se dirigent ses montures
L'amour est ma religion et ma foi
Les êtres créés se sont formés au sujet
de Dieu des croyances
Et moi, je professe tout ce qu'ils ont cru[16].

Il dit aussi dans les *Futûhât* : « Nul n'est adoré hormis Dieu, à Qui le nom de la chose créée sert de voile. De même celui qui adore une chose créée n'adore en réalité nul autre que Dieu, même s'il n'en a pas conscience… Puis lorsqu'il meurt et que le rideau tombe, il découvre alors qu'il n'avait adoré nul autre que Dieu[17]. »

Cet enseignement du Cheikh sur l'unicité et l'universalité du Message divin, tout comme la diversité des langues et des voies – fruit des circonstances de temps et de lieux où elles naissent – qui mènent l'être humain à Dieu, prend son fondement dans le texte coranique : « Chaque époque a son Écriture » (13 : 38), « À chaque communauté son messager » (10 : 47), « Il n'est pas de Communauté qui n'ait pas eu un Avertisseur » (35 : 24), « Nous avons envoyé dans chaque communauté un messager [pour leur dire] : “Adorez Dieu et écartez-vous du Rebelle” » (16 : 36).

## *L'origine divine de la révélation universelle*

Ainsi, comme Ibn 'Arabî l'expose au chapitre 66 des *Futûhât*, « [...] toutes les croyances, et donc toutes les religions sont vraies, car chacune répond à la manifestation d'un Nom divin ; or toutes ces théophanies particulières ont leur source en Dieu, le "Réel", le "Vrai". Il y a ainsi une unité fondamentale de toutes les lois sacrées, et chacune détient une part de vérité. La diversité des religions est due à la multiplicité des manifestations divines, "qui ne se répètent jamais"[18] ».

Le Maître andalou formule, dans ce chapitre, une métaphore très détaillée de la création de l'univers par Dieu et de l'envoi des prophètes. La révélation ayant des origines divines, il se propose d'expliquer comment ce qui se passe dans le *wujûd* se traduit par l'apparition de prophètes dans le cosmos. Il n'évoque pas les arguments habituels de la miséricorde divine qui s'exprime à travers la prophétie mais veut approfondir la réalité divine. Pour lui, le droit créé par l'homme a les mêmes motivations divines à l'origine de l'avènement des religions révélées. Il construit un récit imaginaire, voire mythique, sur les attributs divins et la manière dont ils exercent leurs effets sur le monde. Dans un style très imagé, il personnifie les Noms divins. Il prend des risques et en est tout à fait conscient, ces noms personnifiés pourraient suggérer à certains d'aboutir à un mythe polythéiste. C'est pour cette raison qu'il avertit le lecteur dès le départ : « Sache que les Noms divins sont l'expression d'un état apporté par les réalités. Alors fais attention à ce que tu entends et n'imagine pas une pluralité ou une union ontologique[19]. » Il adopte pour son récit un style imaginaire et imagé afin de faciliter la compréhension du fonctionnement des principes des choses divines (*ilâhiyât*).

Ibn ʿArabî déclare que les entités immuables (*aʿyān ṯābita*) sont connues de Dieu mais que, pour devenir des entités existantes, elles ont besoin du désir de Dieu pour leur donner l'existence et de Son pouvoir pour le faire. Ainsi, il explique de façon mythique la hiérarchie des attributs dans le *wujûd*. La création de l'univers dépend du pouvoir de Dieu, Son pouvoir intervient sur la base de Son désir ; Son désir dépend de Sa connaissance des choses possibles ; et Sa connaissance dépend de Son *wujûd*, que le Cheikh identifie parfois à la vie divine. Nous avons donc les quatre noms de base qui sont entourés du nom de Dieu : le Vivant, le Sachant, le Désirant et le Puissant. Leur ordre n'est pas aléatoire, mais dépend des caractéristiques intrinsèques au *wujûd*, « Les noms se sont réunis en présence du Nommé. Ils se sont penchés sur leurs propres réalités et significations et ont cherché la manifestation de leurs propres propriétés afin que leurs entités puissent devenir distinctes par leurs effets. Pour le Créateur – Celui qui Ordonne – le Connaisseur, le Gouverneur, le Différenciateur, Celui qui donne l'Origine, le Donneur de Forme, Celui qui ne cesse de Pourvoir, le Donneur de Vie, Celui qui donne la Mort, l'Héritier, le Reconnaissant, et tous les autres Noms divins ont regardé leur propre essence mais ils n'ont rien trouvé de créé, ni de gouverné, ni de différencié, ni de nourri. Ils ont dit : "Que pouvons-nous faire pour que les entités dans lesquelles nos propres propriétés deviennent manifestes puissent devenir manifestes, de sorte que notre autorité puisse devenir manifeste ?"[20] ».

Suite à la rencontre des Noms divins pour faire exister le cosmos, où le Cheikh imagine que Dieu les laisse libres d'exercer leurs effets, le résultat est proche du chaos, car les entités qui manifestent les effets du nom divin « Celui qui élève » (*Al-Rāfi'*) ne sont pas d'accord avec celles qui manifestent le nom « Celui qui abaisse » (*Al-ḫāfiḍ*), celles qui manifestent le nom divin qui exprime « Celui qui rétracte » (*Al-Qābiḍ*) se disputent avec celles qui reflètent le nom qui exprime « Celui qui déploie » (*Al-Bāsiṭ*) et celles qui manifestent le Pardon (*Al-ġafūr*) se disputent avec celles qui reflètent le nom du Vengeur (*Al-Muntaqim*). Les créatures ont donc recours aux noms, leur demandant d'établir des normes d'ordre. Les noms à leur tour renvoient à l'essence divine, qui nomme le nom de Seigneur (*Rabb*) pour donner l'ordre à leurs propriétés contradictoires, « Une fois que les entités et les effets sont devenus manifestes dans l'univers engendré, certains d'entre eux exercent de l'autorité et dominent les autres en fonction des noms sous lesquels ils s'étaient appuyés. Cela a conduit à la querelle et à la dispute. Alors les choses possibles se sont dit : “Nous craignons que notre ordre soit corrompu et que nous retournions à la non-existence dans laquelle nous étions auparavant”[21] ».

Au chapitre 198 des *Futûhât*, Ibn ‘Arabî explique que le principal attribut divin désigné sous le nom de Seigneur (*Rabb*) est *iṣlāḥ*, ce qui signifie « rendre entier, complet et sain », « mettre en ordre », « améliorer », « remédier », « concilier » et « établir la paix ». Par conséquent, le cosmos a besoin du Seigneur pour qu'il puisse atteindre sa *maṣlaḥa* (le nom qui vient de la même racine que *iṣlāḥ*). « Le cosmos a besoin du nom le Seigneur plus que tout autre nom, car c'est un nom pour tous ses intérêts[22]. » En Sa qualité de Seigneur, Dieu établit l'ordre dans le meilleur intérêt des choses qui se trouvent dans le cosmos.

L'attribut « le Gouverneur » est entré, puis il est apparu

avec le commandement du Réel au nom « le Seigneur ». Il Lui a dit : « Fais ce que le bénéfice ou le bien (*maṣlaḥa*) exige pour que les entités des choses possibles puissent subsister »... Dieu a dit : « Il règle l'ordre [de tout] et expose en détail les signes afin que vous ayez la certitude de la rencontre de votre Seigneur (13 : 2) »... Le nom « le Seigneur » leur a donné des limites et a établi pour eux des coutumes par lesquelles le bénéfice du royaume pourrait être établi, afin d'éprouver lequel d'entre eux agirait le mieux suivant le verset coranique (11 : 7).

« Dieu a établi ses limites et ses coutumes et les a réparties en deux sortes : la première est appelée "réglementation sage". Il l'a déposée dans les dispositions primordiales des âmes des grands êtres humains. Par conséquent, ils ont établi des limites et établi des lois à travers un pouvoir qu'ils ont trouvé dans leurs propres âmes. Ils l'ont fait dans toutes les villes, tous les lieux et tous les climats, conformément à ce qui leur était demandé. Grâce à cela, ils ont préservé les biens, les vies, les familles, les proches et les relations de parenté entre les personnes. Ils l'ont appelé les "lois", un mot qui signifie "cause de bien", puisque *nâmûs* dans l'usage technique est celui par lequel le bien arrive, tandis que *jâsûs* est employé pour le mal[23]. »

On constate que l'objectif du Cheikh à travers ce chapitre est d'expliquer la nécessité ontologique de la révélation qui a pour rôle de guider les êtres humains vers leur propre intérêt. L'idée d'établir la *maṣlaḥa* (bénéfice, intérêt, ce qui est bien) ne cesse de se répéter tout au long du chapitre, nous rappelant que le point fondamental du récit est d'illustrer la façon dont Dieu maintient l'équilibre dans la Création par Sa qualité de Seigneur.

Ce récit représente également une source intéressante

pour la tradition musulmane, en ce sens qu'il représente une démarche explicative inclusive du polythéisme. Les dieux doivent-ils être compris comme étant des êtres indépendants ou comme des personnifications de ce que les musulmans appellent des « noms divins » ? D'après W. Chittick, Ibn 'Arabî choisirait certainement cette dernière alternative – il ne peut y avoir d'« union ontologique ». Il soutiendrait que toute tentative de considérer les dieux comme des entités indépendantes représente une opinion humaine ou une distorsion d'un message prophétique original[24].

Dans le chapitre des *Futûhât* qui traite du nom divin le Seigneur, Ibn 'Arabî explique comment, à travers le nom divin le Seigneur, Dieu établit la *maṣlaḥa* dans le cosmos en prenant en compte le meilleur intérêt de chaque créature afin d'assurer sa félicité, « Il s'appuie sur ce qui est dans le meilleur intérêt de chaque chose possible et le fait apparaître dans celle-ci. Car il ne la [la chose possible] fait apparaître que pour Le glorifier et Le connaître avec les connaissances qui lui conviennent, conformément à ce que sa capacité peut accepter. Il n'y a rien d'autre[25] ».

# Conclusion

Le mardi 18 février 2020, au moment où j'étais en train de préparer mon prêche pour la première prière collective de la mosquée Fatima trois jours plus tard, le président Emmanuel Macron prononçait son discours « Protéger les libertés en luttant contre le séparatisme islamiste » à Mulhouse. Un nouveau terme est lâché : « séparatisme », comme un énième reproche qui vient rallonger la longue liste des tristes qualificatifs accolés à ma religion ces dernières décennies : violence, terrorisme, radicalisation, endoctrinement, manipulation, obscurantisme… Profondément et sincèrement désolée, j'ai choisi de donner comme écho à ce discours une déclaration d'amour à l'humanité et à l'univers entiers. Ce jour-là, nous avions convié quelques journalistes, deux consœurs et amies ministres de culte : Emmanuelle Seyboldt, pasteure et présidente de l'Église protestante unie de France, et Floriane Chinsky, rabbin du Mouvement juif libéral de France. Une vingtaine de fidèles, femmes, hommes et enfants, sont venus assister à cette première de la vie de notre mosquée et de l'islam libéral. Ce prêche, « L'amour, valeur universelle dans la spiritualité musulmane », me semble une juste conclusion pour cet ouvrage.

L'amour, principe divin universel qui sous-tend le mouvement de la création et de la vie, est un sujet abondamment présent et traité dans diverses sources de la religion et de la pensée musulmanes. Il est présent dans le texte coranique, parole révélée et inspirée au prophète Muhammad – sur lui la grâce et la paix –, dans la Tradition prophétique (la sunna), dans la littérature mystique et diverses doctrines philosophiques et théologiques.

Dans le Coran, où le thème de l'amour universel est abondamment présent, il n'est pas, comme on l'imagine souvent, un thème emprunté aux autres traditions ou aux autres cultures. Il s'agit bien d'un thème complètement endogène à la littérature coranique. Le Coran nous parle d'un Dieu qui ne demande pas seulement à être craint et obéi, mais aussi et surtout d'un Dieu qui nous aime et demande à être aimé.

Parmi les quatre-vingt-dix-neuf noms de Dieu, plusieurs expriment l'amour et nous donnent une représentation d'un Dieu aimant, secourable, plein de compassion envers l'être humain. Chaque verset coranique commence par la formule : « Au nom de Dieu, le très miséricordieux, le tout miséricordieux », un Dieu qui vient à l'homme avec sollicitude. Dieu se nomme et se qualifie Lui-même dans le texte coranique d'infiniment aimable et d'infiniment « aimant », *al-wadûd.* Plusieurs versets coraniques nous parlent d'amour : « Dis : "Si vous aimez Dieu, alors suivez-moi, Allah vous aimera alors et vous pardonnera/couvrira vos péchés/manquements. Dieu est Pardonneur et Miséricordieux" » (31 : 3), « Vous qui croyez (qui voulez parvenir spirituellement à Dieu) ! Celui qui se détourne de sa religion parmi vous [...] sachez que

Dieu suscitera des êtres humains qu'il aimera et qui l'aimeront… » (54 : 5).

L'amour (*al-mahhabba*) est mentionné dans le Coran et la sunna, non pas comme le privilège de Dieu seul ou des créatures seules, mais comme une qualité partagée entre Dieu et Sa création, un rapport de réciprocité. Dieu énumère dans plusieurs versets les êtres qu'Il aime : « Dieu aime ceux qui ne cessent de revenir à Lui et Il aime ceux qui se purifient » (2 : 222), « Certes Dieu aime ceux qui s'en remettent à Lui » (2 : 159), « Et Dieu aime les constants » (3 : 146), « Certes Dieu aime ceux qui sont sincères et qui se comportent parfaitement » (2 : 195).

Le thème de l'amour est bien évidemment développé par les mystiques dès les premiers siècles de l'islam. La première à avoir enseigné la doctrine de « l'amour absolu » est la sainte de Bassora, Râbi'a al-'Adhawiyya (VIII^e^ siècle). Les soufis et plus largement les mystiques sont certes ceux qui ont abondamment traité cette thématique et ont développé leur doctrine autour de cette notion essentielle à leurs yeux. Mais ils n'en ont pas l'exclusivité : d'autres savants comme Ibn Qayyim al-Jawziyya (m. 1350), célèbre théologien et juriste apparenté à l'école hanbalite, originaire de Damas, a ainsi pu dire que « la Création est un acte d'amour ».

Pour Ibn 'Arabî, l'amour est une station divine, c'est-à-dire un statut ou un attribut divin car Dieu s'en qualifie dans le Coran en se nommant *al-wadûd*, l'infiniment aimable et l'infiniment aimant. D'après lui, « le mouvement qui donne lieu à l'existence de l'Univers est le mouvement de l'amour ». Il dit aussi : « Sache que la demeure (*maqâm*) de l'amour est une distinction élevée et que l'amour est le principe (*asl*) de l'Existence universelle (*wujûd*). »

Selon les maîtres soufis, on ne peut pas définir l'amour. Il est une aspiration, une énergie qui attire l'être tout entier vers son origine divine. Cette attraction peut être provoquée directement par la spiritualité de l'individu à partir de lui-même, dans son intériorité ou par d'autres causes ; toutes ne sont que des prétextes et des médiations pour actualiser en lui ses virtualités, que cette affection soit pure ou apparemment pervertie. Chacun porte en lui des possibilités et des potentialités d'amour et nul ne saurait s'y soustraire, comme nulle créature ne saurait exister sans son Créateur et nul serviteur sans son Seigneur[26].

Le principal défi de nos vies est d'intégrer dans notre conscience et dans nos actes, quotidiens ou plus exceptionnels, l'idée que la Création entière est un projet d'amour.

Les modèles paradigmatiques qui permettent l'expression de l'amour en tant qu'attribut divin se déployant dans le monde incarné sont bien connus dans les rapports humains : l'amour maternel, l'amour conjugal et la charité dans la fraternité humaine. L'amour maternel est l'illustration la plus parfaite et la plus complète de l'amour divin. De manière consciente ou non, le processus de la maternité est en tout point semblable à celui de la création. L'enfant est conçu dans le ventre de sa mère d'un acte d'amour. La mère désire la naissance de son enfant auquel elle s'identifie et conçoit sa descendance comme une part d'elle-même, tout comme Dieu aime et désire la création du monde et sa concrétisation dans la matière afin de lui faire connaître le trésor caché en Son Essence et veut Se faire connaître de lui par amour. C'est ce que nous dit le *hadîth qudsî* (tradition rapportant des paroles divines) : « J'étais un trésor caché, J'ai aimé être connu, J'ai donc créé les créatures afin qu'elles Me connaissent. » Après la naissance, la mère prend soin de son enfant, l'aime, le chérit et le protège en vertu d'une prédisposition naturelle et spontanée portée vers l'amour, tout comme Dieu fait exister le monde à chaque instant.

Quant au lien qui unit la femme et l'homme dans le couple, il répond inéluctablement à la loi universelle de l'attraction de l'un envers l'autre inspirée par l'amour et qui a pour finalité, consciente ou non, de permettre que l'un se reconnaisse dans l'autre, d'appréhender dans le regard de l'alter ego ce qui est digne d'amour en nous, ce qui permet de dépasser la différence de chacun pour un temps, pour concrétiser l'union. Celle-ci étant à l'origine de la dualité et de la multiplicité, chacun d'entre nous garde d'elle un souvenir plus ou moins conscient profondément enfoui au fond de lui-même et fait qu'il aspire sans cesse à en renouveler et à en actualiser l'expérience sa vie entière.

L'amour en soi est toujours positif, il inclut tout dans sa vertu sanctifiante, il est unifiant et vivifiant ; mais il arrive que certains réceptacles de l'amour ne soient pas assez sains et pas assez purs pour l'accueillir de manière complète sans distorsion, ce qui peut conduire à le pervertir, à le dénaturer jusqu'à produire de l'aversion et de la haine. Dieu a révélé les lois religieuses pour sanctionner les comportements qui pervertissent l'amour. Par là, Il montre que l'amour est exigeant : il requiert au préalable l'établissement de l'harmonie afin que les êtres soient guidés par leur nature divine et spirituelle qui les relie à Dieu, source d'unité génératrice d'amour qui est elle-même, dans son essence, Amour.

Cependant, il faut bien comprendre que ce double mouvement d'attraction-répulsion, d'inspir-expir, de dilatation-concentration est nécessaire à la Création. Il se reproduit à chaque phase du processus de la manifestation de la vie dont l'origine est l'amour et dans l'enfantement. C'est dans ce sens qu'il faut comprendre le *hadîth qudsî* cité plus haut : « J'étais un trésor caché, j'ai aimé être connu alors j'ai créé les créatures afin qu'elles Me connaissent. » De prime abord, cette parole semble adopter une conception narcissique de l'amour ; or il s'agit là d'une mauvaise compréhension. Au contraire, ce *hadîth* met en évidence un acte divin d'une extrême générosité : c'est dans un immense élan d'amour et de miséricorde que Dieu a créé l'univers et le fait exister à chaque instant. Dieu a créé la Création, Il donne vie et corps à la Création dans un premier temps afin qu'elle le connaisse dans un deuxième temps. La connaissance est en effet indissociable de l'amour. Et nous retrouvons ici le même processus, ce rapport dialectique qui se reproduit chaque fois, la connaissance, et la reconnaissance de l'altérité qui est à la fois différente de soi et un reflet et une partie de soi…

Un des thèmes fondamentaux de l'amour est celui du sacrifice. Il faut accepter ce versant ascendant de l'amour pour en connaître pleinement la valeur et la beauté. Nous sommes d'ailleurs souvent confrontés à un sentiment de souffrance lorsque nous ne possédons pas les vertus nécessaires pour accéder au véritable amour. Souvent, nous devons faire un travail sur nous-mêmes pour pouvoir nous transformer intérieurement, sortir de notre zone de confort et pouvoir déployer toutes nos potentialités d'amour à travers le don de soi, la générosité envers notre prochain, la compassion, le partage…

Toutefois, l'amour consiste à aimer ce qui est aimable et non ce qui est haïssable, car Dieu s'exprime à travers toute chose manifestée et aimable en ce monde. L'amour, c'est Le connaître et Le reconnaître dans ces créatures qui sont aimables ; or pour pouvoir reconnaître ce qui est aimable dans la Création, nous avons besoin de comprendre et de mettre en œuvre l'immanence. Nous comprenons les attributs divins parce que nous les connaissons en nous-mêmes : l'être humain connaît les attributs divins parce qu'il les éprouve, il les expérimente à travers leur caractère immanent dans la Création et en lui-même, d'où l'importance de se connaître et de commencer à percevoir l'amour d'abord dans son jaillissement à l'intérieur de soi ; car c'est l'immanence qui nous fait sentir proches de Dieu. Ainsi, pour être proche de Dieu et de Sa Création, il faut d'abord être proche de soi ; apprendre à se connaître soi-même et à ressentir de la bienveillance, de la douceur, de la compassion pour soi, autrement dit, reconnaître les attributs divins aimables qui sont immanents en soi.

Cette reconnaissance de Dieu en toute chose aimable nous conduit naturellement et spontanément à la charité universelle, qui est le troisième exemple d'amour universel. La charité rapproche les créatures les unes des autres pour que la pyramide de l'amour soit parfaite et complète. C'est pour cette raison que le Coran recommande de travailler à acquérir les vertus. Il recommande la miséricorde, la compassion, la bienveillance, la générosité envers son prochain, non seulement tout être humain, mais aussi envers tous les êtres créés.

Cet amour qui rapproche est, selon Ibn 'Arabî, une trace de la Beauté (*al-jamâl*), qualité éminemment divine, comme le dit une tradition prophétique : « Dieu est beau et Il aime la beauté. La beauté est l'expression la plus achevée de l'amour. »

Râbi'a al-'Adhawiyya est parmi les figures de la sainteté musulmane celle qui est connue pour avoir élaboré et enseigné la doctrine de l'amour absolu. Elle nous dit à ce propos dans son fameux « poème des deux amours » :

> Je T'aime de deux amours : un amour de passion et un amour dont Toi seul es digne.
> Quant à l'amour de passion, c'est que je ne m'occupe à ne penser qu'à Toi à l'exclusion de tout autre que Toi.
> Quant à l'amour dont Toi seul es digne, c'est que Tu soulèves les voiles afin que je Te voie.
> Nulle louange à moi en l'un et l'autre cas, mais en l'un et l'autre louange à Toi.

Dieu dans son essence nous étant voilé, seule Sa connaissance à travers les êtres créés nous est possible. Ainsi, l'amour de Dieu passe par l'amour de Ses créatures, toutes sans exception, car elles expriment et manifestent toutes quelque chose de Son existence.

Enfin, on ne peut clore le sujet de l'amour sans raconter cette fameuse histoire de Râbi'a al-'Adhawiyya, l'amoureuse de Dieu. On raconte que la sainte se promenait souvent en tenant une torche dans une main et dans l'autre un seau d'eau. Elle répondait aux gens qui lui demandaient où elle allait : « Vers le ciel, pour mettre le feu au paradis et éteindre à l'eau les feux de l'enfer, afin que tous deux disparaissent, et que les humains regardent Dieu sans espérance ni crainte et qu'ils L'aiment pour Lui-même. »

# Notes

## *1. L'année 1979*

1. Interview d'Amin Maalouf par Jocelyn Coulon, « 1979, l'année où le monde a changé », *L'Actualité*, 9 octobre 2019.

2. Hassan Diab el-Haraké, *Les Fondements religieux du pouvoir politique dans la république islamique d'Iran*, L'Harmattan, 2012. Cité par Anthony Samrani, « Aux origines du *velayet e-faqih...* », *L'Orient-Le Jour*, 23 janvier 2019.

3. Mohammad Ali Amir-Moezzi, Pierre Lory, *Petite histoire de l'islam*, Librio, Paris, 2007, p. 74.

4. *Id.*, p. 76.

5. *Id.*, p. 78.

6. Nadia Tazi, *Le Genre intraitable. Politiques de la virilité dans le monde musulman*, Actes Sud, 2018, p. 15.

7. *Id.* p. 16.

## *2. L'islam de mes origines*

1. *'Awârif al-ma'ârif*, Beyrouth, 1993, p. 104.

2. Edmond Doutté, *Notes sur l'Islâm maghribin : les marabouts*, Paris, 1900, Ernest Leroux Éditeur, p. 163.

3. Frédéric Weisgerber, *Au seuil du Maroc moderne*, Institut des

Hautes Études marocaines, Rabat, Les Éditions de la porte, 1947, p. 43.

4. Pierre Rocalve, « Louis Massignon et le soufisme », in *Horizons Maghrébins. Le droit à la mémoire*, n° 14-15, 1989, « La notion d'"Occident Musulman"/Louis Massignon homme de dialogue des cultures », p. 202.

*3. Kahina, la reine prêtresse*

1. Paris, Hachette, 1853.
2. Gisèle Halimi, *La Kahina*, Paris, Plon, 2006.
3. Mohamed Talbî, *Encyclopédie de l'Islam*, 2e éd. L'article « al-Kâhina » est une des sources principales sur l'histoire de la Kahina.

*4. Les Almoravides, une dynastie berbère*

1. Éric Geoffroy, *Djihâd et contemplation. Vie et contemplation d'un soufi au temps des croisades*, Paris, Dervy, 1997, p. 22.
2. Mahmoud Ghorab, *Rahma min al-Rahmân fî tafsîr wa ishârât al-Qur'ân*, Damas, 1989, I, p. 489-490.
3. *K. Mafâkhir al-Barbar*, 1312, p. 2, cité dans *Encyclopédie de l'Islam*, 2e éd., art. « al-Murâbitûn ».
4. Voir l'article « Almoravids » dans l'*Encyclopedia Judaica* : « *The position of the Jews under Almoravid domination was apparently free of major abuses. Unlike the problems encountered by the Jews during the rule of the Almohads (the Almoravids' sucessor dynasty), there are no factual complaints of excesses, coercion, or malice on the part of the authorities toward the Jewish communities.* »
5. Robert Ricard, Henri Terrasse, « Histoire du Maroc des origines à l'établissement du Protectorat français », *Bulletin hispanique*, 1951, vol. LIII, n° 3, p. 329 à 331 : « Ce sont les Almoravides qui ont fait le Maroc. » Mohamed Sijelmassi, *Enluminures des manuscrits royaux au Maroc*, Bibliothèque al-Hassania, Courbevoie, ACR Édition, 1987, p. 11 : « Les Almoravides, Berbères originaires du Sahara, ont fait l'unité du pays et créé, selon leur imagination, leurs

concepts, le premier État marocain qui se singularisera à partir de cette époque par rapport à l'Orient. »

### *5. Bahlûl, le fou sage*

1. E. Doutté, *op. cit.*, p. 49.
2. *Id.*, p. 94.
3. Jules Liorel, *Races berbères, Kabylie du Djurjura*, Paris, Librairie Ernest Leroux, 1892, p. 238.

### *6. Réinvestir le champ des sciences humaines et sociales*

1. Voir l'article de Steven Duarte, « Réformisme », Orient XXI, 16 janvier 2017 (https://orientxxi.info/mots-d-islam-22/reformisme,1664).
2. Steven Duarte, « Réformisme », art. cit.
3. Steven Duarte, « Le réformisme musulman contemporain et sa tradition libérale séculaire (XIXe-XXI[e] siècles) », Actes de la journée d'étude intitulée « L'humanisme en Islam », 4 mai 2016, université d'Artois (Arras), Artois Presses Université, p. 5.
4. Cité dans Rachid Benzine, *Les Nouveaux Penseurs de l'islam*, Paris, Albin Michel, 2008, p. 182.
5. Nasr Abû Zayd, « L'Islam dans le contexte : l'Islam dynamique et les dogmes textuels », in *Autres temps. Cahiers d'éthique sociale et politique*, n° 74, 2002.
6. Ali Abderraziq, *L'Islam et les fondements du pouvoir*, Paris, La Découverte, 1994.
7. *Tafsîr al-Manâr* [*Commentaire du Coran*], 2e éd., Le Caire, 1961, vol. I, p. 211, cité dans Nasr Abû Zayd, « L'Islam dans le contexte : l'Islam dynamique et les dogmes textuels », *op. cit.*, p. 23.
8. Voir p. 77.
9. Nasr Abû Zayd, « L'Islam dans le contexte : l'Islam dynamique et les dogmes textuels », *op. cit.*, p. 20-27.
10. Mohammed Arkoun, *Quand l'Islam s'éveillera*, Paris, Albin Michel, 2018, p. 9, 10.

11. Amin Maalouf, *Les Identités meurtrières*, Paris, Grasset, 1998, p. 8.

12. Cité dans Rachid Benzine, *Les Nouveaux Penseurs de l'islam*, *op. cit.*, p. 94-102.

13. *Id.*, p. 98.

## *7. Renouer avec la libre pensée philosophique et mystique*

1. Claude Gilliot, « La transmission des sciences religieuses », in Jean-Claude Garcin (dir.), *États, société et culture du monde musulman médiéval, X-XV*[e] *siècle*, tome II, « Sociétés et cultures », Paris, PUF, 2015, p. 329.

2. Vincent Citot, « L'apogée de la libre-pensée en Islam », *Le Philosophoire*, n° 47, 2017/1, p. 54. DOI : 10.3917/phoir.047.0051. URL : https://www.cairn-int.info/revue-le-philosophoire-2017-1-page-51.htm.

3. Louis Milliot, *Introduction à l'étude du droit musulman*, Paris, Sirey, 1953, p. 12.

4. V. Citot, *op. cit.*, p. 55.

5. J.-C. Garcin (dir.), *op. cit.*, p. 343.

6. *Ibid.*

7. Notion utilisée par le sociologue Omero Marongiu-Perria dans son livre *Rouvrir les portes de l'Islam*, Atlande, 2017.

8. Abderrahman al-Jazîrî, *Kitâb al-fiqh 'alâ al-madhâhib al-'arba'a*, vol. I, Beyrouth, Dâr al-kutub al-'ilmiyya, 2e éd., 2003, p. 171, 172.

9. Mohamed Talbi, *Plaidoyer pour un islam moderne*, La Tour-d'Aigues, Éd. de l'Aube, 1998, p. 68.

## *8. Le féminisme est un humanisme*

1. Coran 2 : 30.

2. Fatou Diome, « La rengaine sur la colonisation et l'esclavage est devenue un fonds de commerce », *Le Monde*, 25 août 2019.

3. Coran 4 : 1.

4. Delphine Horvilleur, *En tenue d'Ève. Féminin, pudeur et judaïsme*, Paris, Grasset, 2013, p. 60, 61.

5. Leila Tauil, « Pour une analyse complexe du phénomène du voile », *Le Vif*, 10 juillet 2020.

## *9. Le ministère religieux féminin*

1. Al-Bayhaqî Abû Bakr Ahmad ibn al-Hussein ibn Ali ibn Mûssa, *Al-Sunan al-Kubrâ*, Beyrouth, Dâr al-Kutub al-'Ilmiyya, 2003 (1re éd. 1424), vol. III, p. 182 ; Abû Dâwud Sulayman ibn al-Ach'ath al-Azdî al-Sijistânî, *Sunan Abî Dâwûd*, Dâr al-Rissâla al-'Âlamiyya, 2009 (1re éd. 1430), vol. I, p 442, 443, *hadîth* n° 591 et 592 ; Charaf al-Haq al-'Adhîm Âbâdî Abu 'Abd al-Rahmâne, *'Aoun al-Ma'bûd 'alâ charh sunan Abî Dâwud*, Beyrouth, Dâr Ibn Hazm, 2005 (1re éd. 1426), vol. I, p 317 ; Ahmad Ibn Hanbal, *al-Musnad*, Mu'assasat al-Risâla lil-ṭibā'a wa al-nachr wa al-tawzî', Beyrouth, 2001, vol. XLV, p. 253.

2. Voir le dictionnaire al-Ma'ânî en langue arabe pour la multitude de sens proposés pour le mot *dâr*.

3. Muhammad Hamidullah, *The Emergence of Islam*, Islamabad, Pakistan, Islamic Research Institute, 2e éd., 1994, p. 26.

4. 'Imâd al-Din Abu al-Fidâ' Ismâ'îl ibn Kathîr al-Qurashî al-Dimashqî, *Tafsir al-Qur'an al-'Azim*, Le Caire, Dar Ihya' al-Kutub al-'Arabiyya, s. d., vol. III, p. 565-566.

5. Abû Hamid al-Ghazali, *al-Mustasfa min 'ilm al-uṣūl*, Charikat al-Madîna al-Munawwara li-al- ṭibā'a, s. d., vol. II, p. 322 et 370.

6. Muhammad ibn Idris al-Shafi'i, *al-risala fi uṣūl al-fiqh*, traduit en anglais par Majid Khadduri, *The Islamic Texts Society*, 2e éd., 1961, p. 287.

7. *Id.*, p 348.

8. Ibn 'Arabî, *Al-Futûhât al-Makkiyya*, Beyrouth, Dâr Sâdir, 1997, vol. II, chap. 99, p. 83.

9. *Id.*, p. 84.

10. Cité par Ida Zilio Grandi, « La Vierge Marie dans le Coran », *Revue de l'histoire des religions*, 1997, 214-1, p. 94.

*10. Le voile et ce qu'il voile*

1. Mohamed Charfi, *Islam et liberté. Le malentendu historique*, Paris, Albin Michel, 1998, p. 50.
2. Extraits de discours rapportés et traduits dans l'article de Latifa Ben Mansour, « De la haine de la loi à la haine de la femme : le prêche intégriste algérien », *Mots*, n° 57, décembre 1998. « Algérie en crise entre violence et identité », p. 130-147.
3. Selon le témoignage de feu cheikh Abderrahmane El-Djilâlî. On a énormément de mal à trouver des documents fiables sur cet épisode qui reste néanmoins connu et relaté dans l'entourage du professeur.
4. On consultera avec profit l'étude déconstructiviste devenue incontournable du docteur Al-Ajami : https://www.alajami.fr
5. L'imam Mâlik est le savant juriste éponyme de la plus ancienne école jurisprudentielle : l'école malikite, encore en vigueur de nos jours.
6. Docteur Al-Ajami, « Le voile selon le Coran et en Islam », https://www.alajami.fr
7. Abderrahman al-Jazîrî, *op. cit.*, p. 172.

*Troisième partie – Pour un islam spirituel*

1. Rapporté par Boukhârî.
2. Rapporté par Abu Dâûd.
3. W. Chittick, *Imaginal Worlds, Ibn al-'Arabî and the Problem of Religious Diversity, op. cit.*, p. 5, 6.

*11. L'unicité, au-delà du dogme,*
*une attitude spirituelle universelle*

1. Ibn 'Arabî, *Al-Futûhât al-Makkiyya, op. cit.*, vol. VII, chap. 473, p. 121.

2. Cité par W. Chittick, *The self-Disclosure of GOD, principles of Ibn al-'Arabî Cosmology*, Albany, State University of New York Press, 1998, p. xii.

3. Selon Norris S. Hetherington, in W. Chittick, *The self-Disclosure of GOD, principles of Ibn al-'Arabî Cosmology*, *op. cit.*, p. xiii.

4. *Id.*, p. xxvii.

5. Ibn 'Arabî, *Al-Futûhât al-Makkiyya*, *op. cit.*, vol. IV, chap. 198, p. 52.

6. W. Chittick, *The sufi path of knowledge, Ibn al-Arabi's Metaphysics of Imagination*, Albany, State University of New York Press, 1989, p. 109.

7. Ibn 'Arabî, *Al-Futûhât al-Makkiyya*, *op. cit.*, vol. V, chap. 341, p. 187.

8. W. Chittick, *The sufi path of knowledge, Ibn al-Arabi's Metaphysics of Imagination*, *op. cit.*, p. 109.

9. Ibn 'Arabî, *Al-Futûhât al-Makkiyya*, *op. cit.*, vol. V, chap. 348, p. 227.

10. *Id.*, vol. IV, p. 117.

11. *Id.*, vol. VIII, chap. 559, p. 146.

12. *Id.*, vol. VI, chap. 346, p. 218.

13. *Id*, vol. VI, chap. 369, p. 90.

14. *Id.*, vol. V, chap. 338, p. 171.

15. W. Chittick, *The sufi path of knowledge, Ibn al-Arabi's Metaphysics of Imagination*, *op. cit.*, p. 3.

16. Ibn 'Arabî, *Al-Futûhât al-Makkiyya*, *op. cit.*, vol. V, chap. 353, p. 276.

17. W. Chittick, *Imaginal Worlds, Ibn al-'Arabî and the Problem of Religious Diversity*, *op. cit.*, p. 20.

18. *Id.*, p. 21.

19. W. Chittick, *Imaginal Worlds, Ibn al-'Arabî and the Problem of Religious Diversity*, *op. cit.*, p. 21, 22.

20. Ibn 'Arabî, *Al-Futûhât al-Makkiyya*, *op. cit.*, vol. VIII, chap. 558, p. 28.

21. W. Chittick, *The sufi path of knowledge, Ibn al-Arabi's Metaphysics of Imagination*, *op. cit.*, p. 6.

22. Ibn 'Arabî, *Al-Futûhât al-Makkiyya*, *op. cit.*, vol. V, chap. 360, p. 315.

23. Ce passage qui fait référence au Réel reprend le sens du verset 41 : 53.

24. Référence au verset 41 : 54, « [...] c'est Lui certes qui englobe toute chose ».

25. Ibn 'Arabî, *Al-Futûhât al-Makkiyya*, *op. cit.*, vol. VII, chap. 405, p. 9.

26. W. Chittick, *Imaginal Worlds, Ibn al-'Arabî and the Problem of Religious Diversity*, *op. cit.*, p. 33.

27. W. Chittick, *The self-Disclosure of GOD, principles of Ibn al-'Arabî Cosmology*, *op. cit.*, p. xxxii.

28. *Id.*, vol. VI, chap. 373, p. 184.

29. Ibn 'Arabî *Al-Futuhat al-Makkiyya*, *op. cit.*, vol. V, chap. 346, p. 216.

*12. La diversité religieuse*

1. Ibn 'Arabî, *Turjuman Al Ashwaq (L'Interprète des ardents désirs)*, Beyrouth, 1961, p. 43 (en arabe). Cité par Michel Chodkiewicz, « Ibn 'Arabî, de l'unicité de témoignage à l'unicité de l'existence », in *Un océan sans rivage : Ibn 'Arabî, le Livre et la loi*, http://alsimsimah.blogspot.com.

2. W. Chittick, *Imaginal Worlds, Ibn al-'Arabî and the Problème of Religious Diversity*, *op. cit.*, p. 9.

3. Ibn 'Arabî, *Al-Futûhât al-Makkiyya*, *op. cit.*, vol. IV, chap. 234, p. 186.

4. Claude Addas, *La Maison muhammadienne, Aperçus de la dévotion au Prophète en mystique musulmane*, Paris, Gallimard, 2015, p. 160.

5. Ibn 'Arabî, *Al-Futûhât al-Makkiyya*, *op. cit.*, vol. V, chap. 339, p. 177.

6. W. Chittick, *Imaginal Worlds. Ibn al-'Arabî and the Problem of Religious Diversity*, *op. cit.*, p. 125.

7. Ibn 'Arabî, *op. cit.*, *ad loc.*

8. Paolo Urizzi, « Ibn 'Arabī e la questione del pluralismo religioso » (« Ibn 'Arabî et la question du pluralisme religieux »), www.academia.edu, traduit en français sur https://leporteurdesavoir.fr, p. 8, 9.

9. W. Chittick, *Imaginal Worlds. Ibn al-'Arabî and the Problem of religious diversity*, *op. cit.*, p. 125.

10. Pierre Lory, *Les Commentaires ésotériques du Coran d'après al-Qashani*, Paris, Les Deux Océans, 1980, p. 135, cité par É. Geoffroy dans « Le soufisme et l'ouverture interreligieuse », p. 14.

11. É. Geoffroy (dir.), *Abd el-Kader. Un spirituel dans la modernité*, Beyrouth, Dar Albouraq, 2010, p. 167.

12. Cette phrase reprend le sens du verset 4 : 171.

13. Les *hadîth qudsi* (ou *hadîths* sacrés) sont nommés ainsi car, à la différence de la majorité des *hadîths* qui sont des *hadîths* prophétiques, leur chaîne de transmission (*sanad*) a pour origine Dieu et non pas le Prophète.

14. É. Geoffroy, « Le soufisme et l'ouverture interreligieuse », *op. cit.*, p. 4.

15. *Ibid.*

16. Ibn 'Arabî, *Turjuman Al Ashwaq (L'Interprète des ardents désirs)*, *op. cit.*, p. 43.

17. Ibn 'Arabî, *Al-Futûhât al-Makkiyya*, vol. VII, chap. 558, p. 294, 295.

18. É. Geoffroy, « Le soufisme et l'ouverture interreligieuse », *op. cit.*, p. 4.

19. Ibn 'Arabî, *Al-Futûhât al-Makkiyya*, *op. cit.*, vol. I, chap. 66, p. 386.

20. *Ibid.*, vol. I, chap. 66, p. 386.

21. *Ibid.*, vol. I, chap. 66, p. 386, 387.

22. *Id.*, vol. IV, chap. 198, p. 81.

23. Ibn 'Arabî, *Al-Futûhât al-Makkiyya*, *op. cit.*, vol. I, chap. 66, p. 387, 388.

24. W. Chittick, *Imaginal Worlds. Ibn al-'Arabî and the Problem of religious diversity*, *op. cit.*, p. 127.

25. Ibn 'Arabî, *Al-Futûhât al-Makkiyya*, *op. cit.*, vol. VII, p. 227.

26. Maurice Gloton, *Traité de l'amour chez Ibn 'Arabî*, Paris, Albin Michel, 1986, p. 19.

# Bibliographie

*Sources*

Abû Dâwud Sulayman ibn al-Ach'ath al-Azdî al-Sijistânî, *Sunan Abî Dâwûd*, Casablanca, Dâr al-Rissâla al-'Âlamiyya, 2009 (1re édition 1430), vol. I.

Claude Addas, *La Maison muhammadienne. Aperçus de la dévotion au Prophète en mystique musulmane*, Paris, Gallimard, 2015.

Nasr Abû Zayd, « L'Islam dans le contexte : l'Islam dynamique et les dogmes textuels », in *Autres temps. Cahiers d'éthique sociale et politique*, n° 74, 2002.

Mohammad Ali Amir-Moezzi, Pierre Lory, *Petite histoire de l'islam*, Paris, Librio, 2007.

Mohammed Arkoun, *Quand l'Islam s'éveillera*, Paris, Albin Michel, 2018.

Al-Bayhaqî Abû Bakr Ahmad ibn al-Hussein ibn Ali ibn Mûssa, *Al-Sunan al-Kubrâ*, Beyrouth, Dâr al-Kutub al-'Ilmiyya, 2003 (1re édition 1424), vol. III.

Latifa Ben Mansour, « De la haine de la loi à la haine de la femme : le prêche intégriste algérien », in *Mots*, n° 57, décembre 1998, « Algérie en crise entre violence et identité ».

Rachid Benzine, *Les Nouveaux Penseurs de l'islam*, Paris, Albin Michel, 2008.
Jacqueline Chabbi, « Ribât », *Encyclopédie de l'Islam*, Leyde, Brill et Paris, Maisonneuve et Larose, 1960-2005 (2e édition).
Charaf al-Haq al-'Adhîm Âbâdî Abu 'Abd al-Rahmâne, *'Aoun al-Ma'bûd 'alâ charh sunan Abî Dâwud*, Beyrouth, Dâr Ibn Hazm, 2005 (1re édition 1426), vol. I.
William Chittick, *The sufi path of knowledge, Ibn al-Arabi's Metaphysics of Imagination*, Albany, State University of New York Press, 1989.
William Chittick, *Imaginal Worlds, Ibn al-'Arabî and the Problem of Religious Diversity*, Albany, State University of New York Press, 1994.
William Chittick, *The Self-Disclosure of GOD, principles of Ibn al-'Arabî Cosmology*, Albany, State University of New York Press, 1998.
Edmond Doutté, *Les Marabouts, notes sur l'Islâm maghribin*, Paris, Ernest Leroux Éditeur, 1900.
Steven Duarte, « Le réformisme musulman contemporain et sa tradition libérale séculaire (XIXe-XXIe siècle) », Actes de la journée d'étude intitulée « L'humanisme en Islam », 4 mai 2016, université d'Artois (Arras), Artois Presses Université.
Éric Geoffroy, « L'apparition des voies : les *khirqa* primitives », in Alexandre Popovic et Gilles Veinstein (dir.), *Les Voies d'Allah*, Paris, Fayard, 1996.
Éric Geoffroy, *Djihâd et contemplation. Vie et contemplation d'un soufi au temps des croisades*, Paris, Dervy, 1997.
Abû Hâmid al-Ghazâlî, *al-Mustasfa min 'ilm al-uṣūl*, Charikat al-Madîna al-Munawwara li-al- ṭibāʿa, s. d., vol. II.
Mahmoud Ghorab, *Rahma min al-Rahmân fî tafsîr wa ishârât al-Qur'ân*, Damas, 1989.
Claude Gilliot, « La transmission des sciences religieuses », in Jean-Claude Garcin (dir.), *États, société et culture du*

*monde musulman médiéval, X-XV^e^ siècle*, tome II, « Sociétés et cultures », Paris, PUF, 2015.

Maurice Gloton, *Traité de l'amour chez Ibn 'Arabî*, Paris, Albin Michel, 1986.

Denis Gril, « La théophanie des noms divins, d'Ibn 'Arabî à Abd el-Kader », in Éric Geoffroy (dir.), *Abd el-Kader. Un spirituel dans la modernité*, Beyrouth, Albouraq, 2010.

Muhammad Hamidullah, *The Emergence of Islam*, Islamabad (Pakistan), Islamic Research Institute, 2e édition, 1994.

Hassan Diab El-Haraké, *Les Fondements religieux du pouvoir politique dans la république islamique d'Iran*, Paris, L'Harmattan, 2012.

Delphine Horvilleur, *En tenue d'Ève. Féminin, pudeur et judaïsme*, Paris, Grasset, 2013.

Ibn 'Arabî, *Al-Futûhât al-Makkiyya*, Beyrouth, Dâr Sâdir, 1997.

Ibn 'Arabî, *Le Livre des chatons des sagesses*, traduit, annoté et commenté par Charles-André Gilis, Beyrouth, Al-Bouraq, 1997, tome I.

Ahmad Ibn Hanbal, *al-Musnad*, Mu'assasat al-Risâla lil-ṭibāʿa wa al-nachr wa al-tawzî', Beyrouth, 2001, vol. XLV.

Muhammad Ibn Idris al- Shafi'i, *al-risala fi uṣūl al-fiqh*, traduit en anglais par Majid Khadduri, Cambridge, The Islamic Texts Society, 2e édition, 1961.

'Imâd al-Din Abu al-Fidâ' Ismâ'îl ibn Kathîr al-Qurashî al-Dimashqî, *Tafsir al-Qur'an al-'Azim*, Le Caire, Dar Ihya' al-Kutub al-'Arabiyya, s. d, vol. III.

Abderrahman al-Jazîrî, *Kitâb al-fiqh 'alâ al-madhâhib al-'arba'a*, vol. I, Beyrouth, Dâr al-kutub al-'ilmiyya, 2e édition, 2003.

Jules Liorel, *Races berbères, Kabylie du Djurjura*, Paris, Librairie Ernest Leroux, 1892.

Pierre Lory, *Les Commentaires ésotériques du Coran d'après al-Qashani*, Paris, Les Deux Océans, 1980.

Amin Maalouf, *Les Identités meurtrières*, Paris, Grasset, 1998.

Yves Modéran, *Les Maures et l'Afrique romaine (IV^e^-VII^e^ siècle)*, Publications de l'École française de Rome, 22 mai 2013.

H.T. Norris, P. Chalmeta, « al-Murâbitûn », *Encyclopédie de l'Islam*, Leyde, Brill et Paris, Maisonneuve et Larose, 1960-2005 (2e édition).

Radtke, B., Lory, P., Zarcone, Th., DeWeese, D., Gaborieau, M., F. M. Denny, Françoise Aubin, J. O. Hunwick et N. McHugh, « Walī », *Encyclopédie de l'Islam*, Leyde, Brill et Paris, Maisonneuve et Larose, 1960-2005 (2e édition).

Robert Ricard, Henri Terrasse, « Histoire du Maroc des origines à l'établissement du Protectorat français », *Bulletin hispanique*, 1951, vol. LIII, n° 3.

Pierre Rocalve, « Louis Massignon et le soufisme », in *Horizons Maghrébins. Le droit à la mémoire*, n° 14-15, 1989. « La notion d'"Occident musulman" / Louis Massignon homme de dialogue des cultures ».

Mohamed Sijelmassi, *Enluminures des manuscrits royaux au Maroc*, Bibliothèque al-Hassania, Courbevoie, ACR Édition, 1987.

Shihab al-Din Omar al-Suhrawardi, *'Awârif al-ma'ârif*, Beyrouth, 1993.

Mohamed Talbi, « al-Kâhina », *Encyclopédie de l'Islam*, Leyde, Brill et Paris, Maisonneuve et Larose, 1960-2005 (2e édition).

Mohamed Talbi, *Plaidoyer pour un islam moderne*, La Tour-d'Aigues, Éditions de l'Aube, 1998.

Nadia Tazi, *Le Genre intraitable. Politiques de la virilité dans le monde musulman*, Arles, Actes Sud, 2018.

Frédéric Weisgerber, *Au seuil du Maroc moderne*, Rabat, Institut des hautes études marocaines, Les Éditions de la porte, 1947.

*Sources en ligne*

Dr Al-Ajami, « Le voile selon le Coran et en Islam », https://www.alajami.fr.

Vincent Citot, « L'apogée de la libre-pensée en Islam », *Le Philosophoire*, n° 47, 2017/1, p. 54. DOI : 10.3917/phoir.047.0051. URL : https://www.cairn-int.info/revue-le-philosophoire-2017-1-page-51.htm.

Jocelyn Coulon, interview d'Amin Maalouf, « 1979, l'année où le monde a changé », *L'Actualité*, 9 octobre 2019, https://lactualite.com/monde/lannee-ou-le-monde-a-change/.

Steven Duarte, « Réformisme », Orient XXI, 16 janvier 2017, https://orientxxi.info/mots-d-islam-22/reformisme,1664.

Éric Geoffroy, « Le soufisme et l'ouverture interreligieuse », http://religioperennis.org/documents/geoffroy/intereligieux.pdf.

Ibn 'Arabî : *Turjuman Al Ashwaq* (*L'Interprète des ardents désirs*), Beyrouth, 1961, p. 43 (en arabe). Cité par Michel Chodkiewicz dans « Ibn 'Arabî, de l'unicité de témoignage à l'unicité de l'existence » in *Un océan sans rivage. Ibn 'Arabî, le Livre et la loi*, http://alsimsimah.blogspot.com.

Coumba Kane, interview de Fatou Diome : « La rengaine sur la colonisation et l'esclavage est devenue un fonds de commerce », *Le Monde*, 25 août 2019, https://www.lemonde.fr/afrique/article/2019/08/25/fatou-diome-la-rengaine-sur-la-colonisation-et-l-esclavage-est-devenue-un-fonds-de-commerce_5502730_3212.html.

Documentaire : « 1979, l'année qui a changé le monde », un film de Dirk van den Berg et Pascal Verroust, Arte, 2019.

# Table

TROISIÈME PARTIE
## POUR UN ISLAM SPIRITUEL

*Composition Nord Compo*
*Impression CPI Bussière en avril 2021*
*Éditions Albin Michel*
*22, rue Huyghens, 75014 Paris*
*www.albin-michel.fr*

*ISBN : 978-2-226-45685-4*
*N° d'édition : 24240/03 – N° d'impression : 2057668*
*Dépôt légal : avril 2021*
*Imprimé en France*